庫

虚無の構造

西部　邁

中央公論新社

虚無の構造

目次

本文デザイン 五十嵐 徹(芦澤泰偉事務所)

あやまって「自由精神の人」とよばれている者たちは、簡単にいえば「平均する者」である。デモクラシー趣味とその「近代思想」の雄弁にして能筆なる奴隷、すべて孤独を知らぬ人間、自己の孤独をもたずして野暮にして善良なる若造。

彼らが全力をあげてかち獲ようとするのは、安全・平穏・快適・万人の生活が安楽であるところの、家畜の群れの緑の牧場の幸福である。彼らがうたってやまぬ歌と教義は二つあり、「権利の平等」と「すべて悩める者への同情」である。

——ニーチェ『善悪の彼岸』より

虚無の構造

序章

虚無について

自覚されざる自己喪失

I　不気味な訪問者

現代における最も不気味な訪問者、それは「ニヒリズム」だとフリードリッヒ・ニーチエ[1]はいった。「現代」とは、永遠に飛びつづける時間の矢の切っ先のことであり、ニーチエがそのようにいってから、「現代」は休みなく飛びつづけ、すでに一世紀余を閲《けみ》した。そして、文字通りどん詰まりまできている今此処の現代に、ニヒリズムはなおも居座りつづけている。現代人の目前どころか心中に、ニヒリズムは、梃《てこ》でも動かぬといった調子で居直りを決め込んでいるのだ。

ニヒリズムは単なる訪問者ではなかったのであろう。またそれは、どれか特定の現代、たとえばニーチェが目《ま》の当たりにした十九世紀後半の現代にのみ特有のものでもなかった。絶えず延びていく時間の線分の最先端に自分は生きているのだと意識してしまう生き物の生に、つまり人間の生に、強かれ弱かれ取り憑《つ》いて離れない心的現象、それがニヒリズムというものであるにちがいない。

そうであればこそ、古代アテネにおける詭弁《きべん》家たちから現代東京におけるインテリゲンチャ（政治主義的知識人）やインテリジェント（専門主義的知識人）に至るまで、ニヒリズムは歴史上のあらゆる知識人において遍在《へんざい》しているのだ。いや、ニヒリズムは知識にかかわるものたちのみの宿痾《しゅくあ》ではない。たとえば今の東京の巷《ちまた》を一時間もぶらついてみれば、スポーツ新聞に読みふけるサラリーマン、携帯電話で声高に喋《しゃべ》る学生、電車のなかで化粧に余念のない娘、スナック菓子を幼児に頰張らせている母親など、ニヒリストの大群を眼にすることができるであろう。もちろん、そういった振る舞いをもって、人がニヒリストたることの確たる証拠とみなすのは早計かもしれないが、しかし、その精気のない挙動と輪郭を失った顔相は、ニヒリズムの症状だとしか、私には思われないのである。

「現代は危機の時代である」、「海図なき航海の時代である」、「創造的破壊の時代である」などと宣《のたま》う知識が日々休みなく生産され、流通させられ、そして消費されている。しかし「時代」とは様々な世代のあいだの関係として構成される社会の在り方のことにほかならない。あらゆる世代がニヒリストの相貌をむくつけく示しているとき、時代とやらも「虚無」の雰囲気に包まれ、そして「虚無」の思想によって蝕《むしば》まれずにはいないのである。そのようにして生ける屍《しかばね》となりつつある多様な知識人の雑多な時代認識、そのようなものにもとづいて活力ある生き方が指示されているなどというのは、それ自体としてニヒリズムの典型をなしているのだ。

「現代は虚無の時代である」、「現代人はニヒリストである」、それゆえ「自分はニヒリズムに首まで浸《つ》かっている」、いやひょっとしたら「自分はその不気味に蒼ざめた思想の溶液に頭のてっぺんまで沈めて溺死者も同然の姿をさらしているのかもしれない」、という想定から始まっていないような言説は、ニヒルそのもの、つまり単なる「空虚」であろう。それは「言説」の名にすら値しない。時代のなかで生きざるをえないのが人間という存在なのであるから、どんなに大言壮語してみたとて、その言説は時代を超越することはできないのだ。たしかに、時代のことを意識にのぼらせるからには、その分だけ人間は時代からみずからを疎隔《そかく》させる、いいかえれば時代を対象として突き放しはする。しかし、時代から浮上したり遊離したりする程度はといえば、たかだか頭半分にすぎないのである。

だから、人間の頭のもう一つの半分において、おおよそつねにニヒリズムに冒《おか》されていると知っておくことが大切であろう。というのも、自意識とは、「自分は何者か」と問う意識のことであり、仮にひとまずその問いに答えが与えられたとしても、その答えの意味をさらに問うというふうに、自意識は進むからである。この問答の過程は、論理的には無限に続きうる。つまり、自意識の歩みには安住できる終着点のようなものはないのであり、そしてその「不安」がすでにしてニヒリズムの温床なのである。正確にはその不安はイズム、つまり「固定観念」にはまだなってはいない。しかし、論理的には無限に続く「みずからへの問い」に終止符を打ってくれるのは、「みずからの死」のみである。このような人間存在の冷厳な真実から少しでも眼を逸《そ》らすと、ニヒリズムが待っていたとばかりに自意識を襲う。その意味で人間の精神の玄関にはいつもニヒリズムという訪問者がいるということになる。

そのことにニーチェがあれほど注意を促《うなが》してくれたにもかかわらず、前世紀のとくに後半、普通「ヒューマニズム」とよばれる人間性の礼賛がさかんに行われた。その挙措は今世紀に入っても衰えることがない。もう少し正確にいえば、それを礼賛する素振りが固定され、そのために、ニヒリズムを人間精神の奥座敷にまでひそかに案内することになってしまったのだ。もとより、それを追い払う力量が私にあるわけはない。しかし、ニヒリズムにたいして、貴殿には玄関先まで退却していただきたいと正面切って申し渡すこと、せめてそれくらいのことをやらなければ、自分の精神が生きながらにして錆《さ》びついてしまうのではないかと、自意識あるものは、不安になるのである。

Ⅱ　「実在」を示せない不安

「自意識の不安」などといえば、科学万能とみえるこの時代では奇妙に思う人も少なくないであろう。しかし自意識の不安は、「科学」それ自身のうちに胚胎《はいたい》し成長しているのだ。(通常は「真理」といわれている)「実在」を科学は説き明かしてくれるはずだ、科学は実在へと至る栄光の道を着実に歩いてきたにちがいない、と世人《せじん》の多くは思っている。だが科学は、とりわけそれが社会科学という分野に近づくにつれ、自分はイドラ、つまり「幻影」をみているのではないかという不安に苛《さいな》まれるのである。

私が「科学」というのは、一つに、何らかの前提に立って命題を演繹《えんえき》し、二つに、その命題を経験的なデータによって検証するという認識の手続きのことをさしている。自然科学にあっては、多くの場合、どういう前提をおくか、そしてどういう検証をほどこすかについて、「経験との繋《つな》がり」を相当綿密に確保しようと努めている。もちろん、その努力を虚しいとみなす意見もありはする。たとえば、科学認識論という分野においていわゆる「理論の価値負荷《ふか》性」のことが、つまり自然科学の理論も科学者および科学者集団の価値観によって色づけされているということが、取り沙汰《ざた》されている。そうであるからには、その「経験との繋がり」が実在の客観的な把握を促進してくれるとはかぎらない。科学が実在への接近を主観的に偽装するということもあるのである。しかし、自然科学の実践的応用としての「技術」が、良かれ悪《あ》しかれ、かくも絶大な存在感を誇示しているという光景を前にしては、その客観性を頭ごなしに疑ってかかるわけにもいかないであろう。

認識されたものが（真理の）実在とはほとんどまったく関係がないのではないかという疑いが打ち消しようもなく高まってくるのは、また、現にそうなっているのは、社会科学（と呼ばれている知識の分野）においてである。そのうちの一領野たる文化学に、科学主義の態度にもとづいて「人文科学」という名称を与えるような時代も、かつてあった。しかし文化学それ自体が時代の文化の産物なのであってみれば、それは「文化によって文化を認識する」という解釈の循環のなかに放り込まれずにはいない。

そのような循環は、「価値」という象徴をめぐって展開される社会の道徳的構造を説明しようとする文化学においてのみ生じるのではない。政治学は「権力」という象徴を中心にして構成される社会の位階的構造を扱おうとし、社会学は「役割」という象徴によって形成される社会の慣習的構造に関わろうとし、経済学は「貨幣」という象徴にもとづいて展開される社会の技術的構造を分析しようとする。そのいずれにせよ、「象徴によって象徴を解釈する」という循環から逃れられはしないのだ。なぜなら、社会における人間の行為はつねに動機づけられており、そしてその動機によって繰り広げられる人間の欲望と行動にたいして社会「科学」なるものは何らかの「意味づけ」をほどこさなければならないからである。その意味づけの作業それ自体が象徴的な解釈であるからには、その認識には「主観性」が、というより「認識の独り歩き」という性格が、濃厚に漂うことになる。

逆にいうと、「真理相対主義」の不安から無縁でおれるような「科学者」は、つまるところ、おのれの認識のなかにおのれの感情と論理を幽閉させているということである。その意味で、その科学者は病者である。真理相対主義とは、実在の像が認識の前提との相対で如何《いか》ようにも描かれうる、と主張することだといってよい。自然科学の方面から出てきたパラダイム、つまり認識の「範型《はんけい》」が猛威を振るうのは社会「科学」においてなのである。誇張を恐れずに形容すると、自分の認識が「パラダイム」という名の牢獄の囚人であると認識されるとき、鈍感な「科学者」には「退屈」が、そして敏感な「科学者」には「焦燥」が、押し寄せてくるのだ。

そして、その種の心理的葛藤《かっとう》を封じ込める最も簡便なやり方、それは「忘却」である。つまり、自分の認識にとって葛藤の原因となる事柄を「無関心」という心理の層へと抑圧することだ。そしてそういう心理的操作を反復しているうち、ついにそれらの事柄を忘却するのに成功するというわけである。一般にそれを「阿呆の状態」とよぶ。また（ホセ・オルテガ★2流の文明論では）阿呆の別名はマスマン、つまり「大衆人」である。そして、その大衆人の見本は「科学者」である、というオルテガの逆説がこの世から完全に忘れ去られるということにはなりはしないのである。なぜなら、彼のいう意味での「大衆」の社会は、晩《おそ》かれ早かれ、「価値象徴」の混濁《こんだく》によって、「権力象徴」の混乱によって、「役割象徴」の混迷によって、そして「貨幣象徴」の混沌によって、崩壊の危機にさらされるからである――現下の時代が恐ろしいと同時に面白いのは、大衆の自損《じそん》行為あるいは大衆社会の自己崩壊が始まっているからにほかならない――。

「阿呆」の精神状態は訳知り顔の「科学者」において典型化されるとはいえ、世人とて、その状態から自由であることはできない。というより、マルティン・ハイデッガー★3にならならっていえば、範型化され切った感じ方、考え方、言い方、そして行い方のうちに「頽落《たいらく》」したものたちを「世人」とよぶのである。とくに、（技術的）情報社会とやらが進展するにつれて、人々は範型化された情報に教育機関や情報機関を通じて、常住坐臥《じょうじゅうざが》、接するようになる。つまり彼らはいわば準「科学者」になるのである。それゆえ、世人としての大衆もまた、科学者と同じく、まず「退屈」と「焦燥」にとらわれ、次いで、「忘却」へと誘われることになるのだ。それは、世人が日毎《ひごと》に（あろうことか「主権者」の名において）発表している「世論《せろん》」なるものが、どれほど重い退屈と激しい焦燥と深い忘却をみせつけているかをみれば、一目瞭然《りょうぜん》であろう。

真理は物の見方によって様々でありうる、それが真理にかんするレラティヴィズム、つまり「相対主義」の見解だとみるのは、相対主義がはらんでいる「ニヒリズム」の底知れなさを十分にとらえてはいない。自分とは異なる他者の物の見方に少しでも真剣な考慮を払うなら、両者のあいだの優劣について判断を下さなければならなくなるはずだ。そして判断を行うためには、何はともあれ、判断の「基準」があるとしなければならない。もちろんその基準もまた物の見方によって多様ではありうる。しかしそこでも、他者の基準について無関心でないかぎり、どの基準が優れ、どの基準が劣っているかを判別するための、より根本的な基準を探さざるをえないのである。ともかく、他者の見解を「ニヒル（無）」と片づけるものだけが、「真理相対主義」を標榜《ひょうぼう》しつつおのれの意見を発表することができるということになるのだ。

それは要するに自己の意見を絶対視することにほかならない。逆にいうと、誠実な真理相対主義者は、他者の見方が自己のうちに摂取《せっしゅ》された段階で、沈黙に入らざるをえないということである。言葉の動物たる人間にとって、それは死にも等しい苦業であろう。その苦業を引き受けられるのは仏教用語でいえば、「解脱《げだつ》者」のみである。そのような人間は、そもそも真理相対主義をも相対化したがゆえに、「絶対」の境地を瞑想《めいそう》しつつ沈黙しているであろう。

真理相対主義者は、他者を無視するという意味で「ニヒリスト」となり、自己のみに拘泥《こうでい》するという意味で「エゴイスト」となる。だが、彼の生の唯一の拠《よ》り所である「自己」とは、他者と絶縁したところでの「自己」とは、そも何者であろうか。そこにも、まぎれもなき欲望が沸々《ふつふつ》と湧き脈々と流れているといえるであろうか。たしかに、「生理的欲求」といわれているものの最も基礎的な部分は、「自己に固有のもの」といってよいであろう。いや、「精神的欲求」においても、自己の固有の表現法を欲望するであろう。しかしその固有性は、とりわけ精神的欲望にあっては、無数の他者たちからなる社会の標準からの「偏差」を求めるということでしかありえない。結局、自己のみを覗き見るエゴイストの精神は、そこに精神的な「無」を看《み》て取るほかないのである。自己を絶対視するものは、その膨《ふく》らみ切った自己の精神的中味がまったくの空虚であると知らされるであろう。

それを知りたくないために、世人＝大衆は「自己」を社会の意味体系の祭壇に鎮座《ちんざ》させる。つまり、「セルフ・フェティシズム（自己物神化）」に酔い痴れた振りをする、それが現代人の生き方となっているのだ。

Ⅲ 「当為」を語れない不幸

ニヒリズムの疾走を支えている両脚の一本は「ザイン（存在）」にかんする「真理相対主義」であるが、もう一本は「ゾルレン（当為《とうい》）」にかんする「価値相対主義」である。「当為」つまり「当《まさ》に為《な》すべきこと」は何であるか。それもまた、それを語る人の価値観との相対で様々であり、それら多様な価値のあいだの優劣を定めるのは基本的に不可能である、とみるのが価値相対主義なのだ。これがニヒリズムを、真理相対主義にも増して培《ばい》養《よう》することについては、詳説する必要はあるまい。

人間は、単に生きるだけでなく、効率的に生きるだけですらなく、「良く生きる」ことについて本格的な関心を持つ動物である。

なぜそうなるかというと、人間は未来の、というより只今《ただいま》の時間意識の流れの「不確実性」のなかで自分が何らかの「選択」をなさねばならないことを自分で意識してしまう存在だからである。しかも、その不確実性たるや、少なくとも可能性としては、技術的な効率の計算によって選択肢のあいだの取捨をするわけにはいかないような程度に達する。その意味で、たえず「危機」に直面しているのが人間の生というものであり、そして危機のただなかにおいても選択が可能となるのは、「良心」とよんでさしつかえないような価値の呼び声を聞くからだとしかいいようがない。つまり価値の感覚なり想念なり観念なりがなければ、人間は選択不能に陥《おちい》るのだ。

その価値が物の見方に依存して「相対的」だといわれる。そして、（他者の価値を理解してしまうことの当然の帰結として）自分のうちに複数の価値が併存しているといわれる。そうなると、価値相対主義とは価値観における「分裂」とそれゆえの行為選択における「不能」とを是認する立場だということになってしまう。この価値の分裂症と行為の不能症とを避けようとすると、真理相対主義の場合と同じように、他者の価値への不感症に陥らざるをえないのである。

価値不感症の一つの形態は、あたかも自分が状況にたいして感応的であるかのように装うことを可能にするもので、それは、無数の他者における平均的な価値観、つまり「世論」の示す当為に従うことである。統計的に水平化された他者の価値のうちに自己のそれを投射するというのは、きわめて受動的なやり方である。しかしそのやり方によって、外見的にはそれこそが能動的な社会へのアンガジュマン、つまり「関わり」であるかのように偽装することができる。価値相対主義が絶対視されているこの時代にあって、社会の表層では「価値の多様化」がもてはやされつつも、社会の深層では「価値の一様化」とよんでさしつかえないような事態が進んでいる。そうなるのは、相対主義という価値の分裂症状が状況へのアダプティヴィズム、つまり「適応主義」によって隠蔽《いんぺい》されているからである。

「状況適応主義」においては、当たり前のことだが、状況が変わるにつれて適応の仕方が変わる。それゆえ、昨日の適応の方向や速度が今日のそれらとは一変するということが起こりうる。たとえば、戦争中は好戦主義者であったものが、敗戦となれば平和主義者に急変するというのがそれだ。そのような筋道なき変化の過程を価値相対主義者が明確に記憶していれば、その「自己」はまたしても価値分裂症に陥る。あっさりいえば、自己の「インテグリティ（人格的一貫性）」を自分で信じられなくなるということである。そして、その自己不信、さらには自己喪失がその人を「ニヒリスト」に仕立てるのである。

ニヒリストであるにもかかわらず現代人は状況へのアンガジュマンをやめない。「科学者」であれ「世人」であれ、インテリゲンチャの政治主義的な知識やインテリジェントの専門主義的知識をふりかざして、状況への関与をなしつづけている。それができるのは、彼らが次の二つの生き方のいずれかを選んだり、両者を適宜《てきぎ》に組み合わせたりしているからであろう。一つは、おのれのなした過去の状況適応のことを「忘却」する習性を身につけることである。高度情報社会にあってそんな記憶喪失症が広がっているとは信じ難いという向きがあるかもしれない。だが、記憶を計算機のなかに貯蔵し、自分に都合の悪い記憶はそこに封印してしまう、それが許されるのが高度情報社会なのだ。そして記憶喪失が人間の精神に与える不安を宥《なだ》めるために、「刺激性」と「伝達性」のできるだけ大きな新奇な情報に接する、それが高度情報社会における一つの常習化された生き方になっている。またそうであればこそ、現代のニヒリストは政治的に行動するのだ。自分の保有しているのはたかだか相対的な認識であり価値であるにすぎないと公言しているにもかかわらず、状況の「全体」に決定的な影響を与えることに愉悦《ゆえつ》を覚えているのである。

もう一つのやり方は、自分は状況の「局所」にのみ関与するのだと殊勝《しゅしょう》に構えることである。そこで、自己正当化の口実として、「世論至上主義」と「専門至上主義」とが動員される。たとえば、世論が状況の全体を自由化することを望んでいるとわかれば、それに適合するような経済学の自由競争論や政治学の権力批判論や社会学の自発的コミュニケーション論や文化学の人間解放論が持ち出されるという具合になる。そして、今日、世論が状況の全体を秩序化することを欲するとなれば、昨日のとは逆の「専門知」が繰《く》り出されることになる。それどころか、まったく同一の専門知をつかっておきながら、それへの意味づけを世論に合うように細工《さいく》するということすら行われる。たとえば、競争市場の均衡状態は、今日は効率性の実現という理由によって賛美され、明日は所得格差の拡大という理由で批難されるというふうにである。

状況の「全体」にかかわろうとする知識の在り方を「インテレクチュアル」とよぼう。インテレクチュアルとしての思想家は真理相対主義にも価値相対主義にも没入していることはできない。なぜなら、多種多様な認識と価値が互いの関係を見失ったままに散在しているという知識の全体的状況に、思想家は否応もなく関心を持ってしまうからだ。

そういう思想家の構えは、左翼においてであれ右翼においてであれ、エンシュージアズム、つまり「熱狂」の精神をもたらしがちであった。そのために認識と価値が硬直化されて「イデオロギー」となり、それが既存の生活慣習や社会制度にたいする論難や弁護の具となりがちでもあった。したがって、既成の認識や価値を相対化する営みがなければ個人の人格にも社会の構造にも進歩が生じない、と認めるほかないのである。

しかし、「相対化への前進」と「相対主義への停滞」とはまったく別の事柄であるのだ。おのれのなした相対化の意味を測定するには、意味の「基準」をたとえ仮説としてでも設定しなければならない。また、その仮説形成作業の果てに「絶対」が仄見《ほのみ》えてくると期待しなければならない。それをかすかにせよ洞察するためには、状況の全体を見渡すべく、つねに身構えていなければならないのである。

相対主義は、「価値」についていえば、おのれの価値を絶対化することであり、それは「自己」を絶対化するのでなければ確保できぬ境地である。また、価値相対主義は、価値についてのトレランス、つまり「寛容」の態度なんかではありはしない。それは自己以外のものを許容しようとしない「スケプティシズム（懐疑主義）」であり、「シニシズム（犬儒《けんじゅ》主義、つまり、「犬のような乞食生活」をした古代ギリシャのキニク学派にみられたという、皮肉を常とする態度）」である。しかも他者に疑惑を寄せ皮肉をあびせるのを専《もっぱ》らにしているその「自己」とは、自分自身がよく知っているように、矮小《わいしょう》きわまりない代物《しろもの》なのだ。それで構わないと居直りを決めたものの漂わすニヒリズムは、どうしようもなく卑しい。そのことは当のニヒリスト自身が知っているはずである。そこで、彼らは、ニヒリストにはあるまじきことなのだが、教育機関や情報機関のあたりに群れ集い、他者の「自己」を称《たた》えるのだ。そうしていればいつかは自分の「自己」が褒《ほ》められるときもくるだろうと期待してそうしているのである。

Ⅳ　「ニヒリスト」を名乗れない苦痛

「ニヒリスト」という表現が書物に現れ出したのはずいぶんと昔のようだが、普通は、イワン・セルゲーヴィッチ・ツルゲーネフ★4の『父と子』における主人公バザーロフあたりが虚無主義者の嚆矢《こうし》とされている。いずれにせよニヒリストとはあらゆる権威を、人物であれ制度であれ理論であれ、認めようとはしない人間のことだ。「最高の諸価値が無価値になること」（ニーチェ）に喜びを見出すものとしてのニヒリストには、ニーチェに従えば、

「消極的・受動的」なものと「積極的・能動的」なものとがある。前者は世を拗《す》ねる厭世《えんせい》家であり、新しき変化を何はともあれ嫌悪する退嬰《たいえい》家であり、独居を好む隠遁《いんとん》者である。そしてニーチェの支持した後者は、一切の権威が否定されたあとにまったく斬新《ざんしん》な権威が、たとえばニーチェのいう「超人」として、起《た》ち上がるのを構想したり夢想したりするもののことだ。

「積極的な虚無主義」は、ミハイル・バクーニン★5における破壊の実践としてであれ、ニーチェにおける狂気の訪れとしてであれ、あるいはアンドレ・マルロー★6における政治的権威の文学的演出としてであれ、狭い限界のうちにある。それは、不毛とはいわぬまでも、社会的な伝播《でんぱ》力と歴史的な継承性とにおいて弱体である。というより、それは空間および時間での流通力をあらかじめ拒否している。その意味で、不毛な精神の領野《りょうや》に、みずからを追い込む「決意性」（ハイデッガー）をもって積極的とみなすような生き方は、特異な才能と稀有《けう》の状況があってはじめて可能となるものにすぎない。

我が国にあって、積極的ニヒリズムは幸か不幸か成長しにくい。それは、唯一絶対神を仰《あお》ぎみる精神の習慣がないために、俗世からの飛躍といってよいような生き方を決意するのが困難だということなのかどうか、確証はない。また、それが日本の社会・歴史における際立《きわだ》った安定性のため、つまり人間の「決意性」をあらわに促すような限界的状態に我が国が入ることはめったにないせいなのかどうかも不確かである。いずれにせよ、ニヒリストといえば消極的な種類のものしかおおよそ見当たらぬのが我が国の精神史だといってよいであろう。そこに積極的な精神の因子がみられるとしたら、それはおおむね芸術的な分野における審美《しんび》感覚の彫琢《ちょうたく》としてである。しかし生の全体と遊離した審美の態度そのものがニヒリズムとしては消極的なのだというのが適切であろう。

だが、この「消極的ニヒリズム」こそがより根本的なのだ。「私の認識は欠伸《あくび》をしていた」と三島由紀夫《みしまゆきお》★7はいった。そして彼なりの「積極的ニヒリズム」の表現として、小さなクーデタを企《くわだ》て、その挙句《あげく》に自裁して果てた。私の指摘したいのは、三島の意識にあって、「退屈」という「消極的ニヒリズム」が先行していたということである。だが、退屈めいた気分に近づかないような認識はまずあった例《ため》しがない。少なくとも私はその仮説を支持したい。

そのように思うのには、理由が二つある。一つは、真理についてであれ価値についてであれ、いかなる認識も結局は「仮説」にすぎず、そうであるならば自分の認識が仮の説にすぎないという自覚のなかにすでに、自分の認識が「自己」に密着したものではないという「距離感」が芽生えるという点である。たとえ、イマヌエル・カント★8流に従って、こう考えるべきだ、こう行うべきだというふうに「定言」したとしても、その「当為」それ自体が「仮言」として提出されるほかない。そうであれば、言説に伴う「空無感」を拭い去ることはできないのである。ましてや「実在（真理）」にかんする仮説となれば、晩かれ早かれ棄却されることを予定されているのであるから、空無感はさらに大きなものになるであろう。

もう一つは、認識とは物事を「対象化」することだという点である。そして、対象化とは、物事の持つ「客体性」、「客観性」を意識してしまうということだ。その意識が、あくまで「主体性」にたいして、つまり「主観」の塊《かたまり》として感受されている「自己」にたいして、「疎遠《そえん》感」をもたらすことになる。

もちろん、これらの距離感や疎遠感がかならず「退屈」という消極的な「虚無感」にまで転じるとはかぎらない。たとえば——というよりそれがニヒリズムの到来をかろうじて防ぎうる唯一の場合と思われるのだが——そうした距離感や疎遠感を共有する他者たちと、仮説の当否や対象化の巧拙をめぐって自分が活発な会話や議論を楽しむことができる場合には、ニヒリズムにはまることはないであろう。つまり、人間の精神は「虚無感」にとらえられるほかないという意味では弱いものだ、ということを会話や議論の当然の前提、さらには主要な素材にしてしまえば、ニヒリズムからの脱出口がみつかるかもしれないということである。

しかし、ここ数百年、こうした虚無感の社会的処理において重大な障害が二つ生じている。その一つは、会話・議論のためのルール（規則）とトポス（場所）が動揺したり消失したりしているということである。それは、畢竟《ひっきょう》するに、近現代において個人意識が「伝統」の感覚を失い、社会制度が「慣習」の規制を弱めてきたことの結果である。つまり執拗に迫ってくる虚無感を、原子のように孤立した個人が背負わなければならなくなったということだ。おのれの虚無感を他者との「語り」によって何ほどかでも払拭《ふっしょく》することが難しくなったのである。

二つに、「ヒューマニズム（人間性礼賛の思想）」がその「語り」を貧相なものにしているということである。虚無感は、すでに述べたように、人間性の深奥において発生し膨張する。ところがヒューマニズムは、（人間とも思われぬ）少数の悪い権力者が歪《ゆが》んだ社会制度をつくったために、多数の善良な民衆が孤独に追い込まれ虚無感に沈んでいる、というふうに話を設《しつら》えるのだ。いわゆる「コミュニケーション」なる言葉がヒューマニストによって頻用《ひんよう》されるのは、「善良なるヒューマニティのパーフェクトな表現」を理想としてのことなのである。彼らがそれを本気で信じているとはとても思われないのだが、そのように言葉を理想主義の方向で組み立てる習性と場所がヒューマニズムによって作られつづけていることは確かだ。

ニヒリズムの超克を困難にする、これら二つの要因は、表裏一体をなしている。つまり、「歴史感覚の破壊」は「人間性礼賛の思想」によって推し進められてきたのである。それは、結局のところ、人間の欲望の全的な解放を最大の社会正義とみる立場だといってよい。そして、人々の欲望が衝突する場合には、民主主義の基本的観念に従って、多数派の欲望者）への反逆をよびかけるための名分《めいぶん》にすぎない。

「弱者救済」がヒューマニズムの標語の一つでもあるのだが、それは、少数の強者（権力を正義とみなし、その正義の下に少数派を抑圧するように規則と場所を定める。いや、

カール・ヤスパース★9にならっていえば、デモクラシーと合体したヒューマニズムの言葉は、人間性に宿る虚無感を直視していないという意味で、「偽装の言葉」であり、人間性に現れる欠点なり弱点なりを既成の権力や権威のせいにするという意味で「反逆の言葉」である。その種の言葉は、ニヒリズムの問題をあらかじめ視野の外においているが、そのためにかえって、人々の精神の舞台裏でニヒリズムを助長しているのだ。つまり、ヒューマニズムとニヒリズムが手を携《たずさ》えているのである。それについては、麗わしげに聞こえる人権思想がいかに薄汚い大衆文化を生み出しているかをみれば明らかであろう。

ニヒリズムの超克を妨げる第三の要因として、先に指摘したことだが、現代におけるニヒリズムの「ひそかな瀰漫《びまん》」を挙《あ》げるべきかもしれない。つまりニヒリズムは、人々の意識を丸ごと染め上げ、その真髄を腐蝕させたために、ことさらに意識さるべき事柄ではなくなったということである。換言すれば、ニヒリズムによる固有の自己の喪失を人々が自覚できなくなったわけだ。他者や他物によっては代位されえないものとしての固有の自己を括弧《かっこ》をつけて「自己」とよぼう。「自己」を喪失した自己がつねに「自己」の名において自己を語っている、これが現代社会を包む巨大な空虚感の根本因であろう。

元来、「セルフ・アイデンティティ（自己同一性）」とは、（たとえば「伝統」のような）揺るぎない価値を有するとされる何物かと自己を同一化させる場合の、自己に固有のやり方、というよりそれの「求め方」のことだとしか考えられない。そこまでくれば、その「求め方」をめぐる英知も、（たとえば「伝統」のような）「価値」のなかに含まれているであろうと推察され、価値との対話がどこまでも続くことになる。そうでなければ、それは単に自分の欲望のこと、あるいは欲望の個性的表現のことをさすということになる。問題は「個性」なるものの出所なのだが、それが「価値の偽装」や「価値への反逆」に彩《いろど》られているというのであるから、個性はまったくの無根拠になる。「無根拠なる個性」、それが現代にあってニヒリズムを膨満《ぼうまん》させているのだ。

しかし、この膨らみ切ったニヒリスト以外の自己を現代人は知らない。だから、ニヒリズムのことは会話にも議論にものぼらなくなったのである。かつてはニヒリズムとの死活をかけた思想の闘いがあった。その戦《いくさ》はおおよそニヒリズムの勝利に終わったとはいえ、その戦に投入された精神の真摯《しんし》さが、その時代を魅力的なものにみえさせていた。卑近な例でいえば、日本の文学史は、北村透谷《きたむらとうこく》★10、夏目漱石《なつめそうせき》★11、芥川龍之介《あくたがわりゅうのすけ》★12、太宰治《だざいおさむ》★13、三島由紀夫といったふうに、ニヒリズムとの闘いの敗北を刻《きざ》んでいる。

二十世紀末から二十一世紀へかけて、我々は最も消極的なニヒリズムを生きている。つまり自分がニヒリストであることを自覚せぬまま、ニヒリズムの諸断片を状況の推移に応じて次々とだらしなく垂れ流している。しかもそのことに現代人はおのれの「個性」を見出しているのだ。精神の表玄関で「ヒューマニズム」の表札をつけることによってニヒリズムを追い払いつつ、裏玄関からそれを迎え入れるという詐術《さじゅつ》を近代人は続けてきた。

その結果、我々は、「実在」について想うことを忘れ、「当為」について考えることを禁句とし、さらに「虚無」について語ることをやめたのである。

★1　フリードリッヒ・ニーチェ［Friedrich Wilhelm Nietzsche 1844-1900］ドイツの哲学者。西洋の価値観の中心であったキリスト教倫理に死を宣告し、人間の自律的な精神や道徳の必要を主張した。歴史を支配していた神が死ぬことで、この世界が没価値になり、ニヒリズムは彼によって時代の精神とされた。その没価値を克服するものも力を持った積極的なニヒリズムであり、それを体現するのが「超人」である。その思想は二十世紀の実存主義や構造主義、また、ナチズムの潮流にも大きな影響を与えた。主著に『ツァラトゥストラはかく語りき』『善悪の彼岸』『悦ばしき知識』など。

★2　ホセ・オルテガ［José Ortega y Gasset 1883-1955］スペインの思想家。即自的で盲目的な群集や大衆が出現した二十世紀のデモクラシーの危機を指摘した。精神のエリートたる少数者を排除するものとしての民主主義の堕落した姿が大衆社会であり、ファシズムなどにその典型をみた。マスマンの閉鎖性が端的にあらわれるのが科学者の専門主義であるとも指摘した。主著に『大衆の反逆』『傍観者』など。

★3　マルティン・ハイデッガー［Martin Heidegger 1889-1976］ドイツの哲学者。実存主義の影響と、フッサールの現象学の応用などから、言語のうちに実存の構造を解明し、単なる自然的存在や道具的存在ではない自覚的な人間存在について考えた。自他の存在と本質的に向き合うことを避けて日常に埋没する存在を「頽落」という。二十世紀の思想全般に大きな影響力を持ち、近代の人間中心主義や歴史主義を批判した。主著に『存在と時間』『ヘルダーリンと詩と本質』など。

★4　イワン・セルゲーヴィッチ・ツルゲーネフ［Ivan Sergeevich Turgenev 1818-83］ロシアの作家。西欧体験を経て、農奴制下のロシアを写実的に描いた『猟人日記』や、自由主義的な父と唯物論的で冷徹なニヒリストの子・バザーロフの世代を対立的に描いた『父と子』を発表した。後者は文学的な人間像としてニヒリストのタイプを初めて描いた作品といわれる。

★5　ミハイル・バクーニン［Mihail Aleksandrovich Bakunin 1814-76］ロシアの無政府主義者。ドイツでヘーゲルを学び、プルードンやマルクスと交友関係を持った。国家を破壊し、政治権力や宗教を否定する無政府主義運動を組織し、生涯にわたり投獄や流刑が繰り返された。プロレタリアの歴史的役割を否定したことは、歴史の虚無主義をも招いたが、最下層の労働者や農民には支持された。主著に『国家体制と無政府』『神と国家』など。

★6　アンドレ・マルロー［André Malraux 1901-76］フランスの作家・政治家。インドシナ体験や反ファシズム運動、スペイン内乱への加担など、自由のための文学的・実践的戦いを繰り広げた。ド・ゴール政権下で情報相や文化相を務め、国際的にも活躍。文学者と政治家を両立させた稀有な作家であるが、フランスという文化的風土がそれを可能にしたともいえる。主著に『人間の条件』『王道』『希望』など。

★7　三島由紀夫［1925-70］小説家・劇作家。戦時中は日本浪曼派に傾倒し、早くから才能を開花させ、現実の出来事に取材する斬新な手法や巧みな文章で数々の名作・問題作を書き、天才の名をほしいままにした。戦後社会の甘えと風化に抗して次第にナショナリズムに傾倒し始め、政治団体「楯の会」を組織した。その楯の会を率いて自衛隊市ヶ谷駐屯地で決起し自決した事件は、戦後という時代の曲り角を象徴するものとなった。主著に『仮面の告白』『金閣寺』『豊饒の海』など。

★8　イマヌエル・カント［Immanuel Kant 1724-1804］ドイツの哲学者。ヘーゲルと共にドイツ観念論の一翼を担った。イギリス経験主義を学び、学問的な認識の範囲を経験の世界に限定し、その経験の世界を究明し、科学や道徳や美の成立条件を探った。経験を超越するものとして現象の背後に「物自体」を想定したが、認識は主観的なものなので、「物自体」は感覚したり知覚したりすることはできても概念の体系として認識することはできないものとした。主著に『純粋理性批判』『実践理性批判』など。

★9　カール・ヤスパース［Karl Jaspers 1883-1969］ドイツの哲学者・精神医学者。人間の心理や精神を、フロイトのように理論から解釈することをせず、事実や現象をありのままに記述する現象学的解釈の理論（現存在分析）を確立した。その思考は科学的な体系性に貫かれ、その枠を超えるような超越論は退けた。主著に『精神病理学研究』『精神病理学総論』など。

★10　北村透谷［1868-94］詩人・評論家。明治期の自由民権運動、キリスト教、恋愛などの体験などから資本主義や近代主義が孕む矛盾や頽廃を指摘し、日本がそれらを導入するさいの終末観を身をもって体現し、自殺した。人が現実の権力に対峙する時に、内面を根拠とする以外になく、自由は内面的な恋愛以外にないことを主張。二十五歳での自殺は、当時の文学青年に大きな衝撃を与えた。主な作品や論文に『蓬萊曲』『厭世詩家と女性』『内部生命論』など。

★11　夏目漱石［1867-1916］小説家。和魂と西洋留学体験をあわせ持ち、日本近代の宿命を恋愛や家族の物語のなかで展開した。西洋列強と競争する国家方針にも与《くみ》せず、人間のエゴイズムや病気に苦しみながら個性尊重の立場を貫き、近代の文学論を土台とした数々の名作を書いた。自己本位やニヒリズムを超えようとする「則天去私《そくてんきょし》」が彼の有名な言葉である。自然主義文学と対立し、後進の育成にも力を入れた。主著に『坊っちゃん』『三四郎』『それから』『門』『道草』『明暗』など。

★12　芥川龍之介［1892-1927］小説家。怜悧な理知と緻密な構成力、多様なスタイルで当代きっての短篇小説の名手とされた。プロレタリア文学の攻勢のなかで芸術至上主義的な意志を貫徹したが、時代の不安や虚無感に引き込まれてしまい、自殺した。その死は当時の文学青年たちに大きな影響を与えた。主著に『羅生門』『地獄変』『歯車』など。

★13　太宰治［1909-48］小説家。昭和初期の左翼活動や心中体験の果てに、無気力で虚無的な暮らしを続けたが、後にそれらを独特な私小説に昇華させ、切迫した話体で数々の名品を書いた。戦争中はモラリストとして落ち着いた生活を送るが、戦後は混乱する社会の有様を引き寄せ、自らをキリストに対する裏切り者のユダと位置づけ、坂口安吾らとともに無頼派の旗手として活躍。最後は心中し、世間に衝撃を与えた。主著に『晩年』『津軽』『斜陽』『人間失格』など。

第一章 気分について
頽落の精神

I　ニヒリズムの自己増殖

いかなる論理も、かならずや感情の配下に属し、いかなる理屈もつねに気分の足下に服する。なぜなら、理性を発動させるに当たっての「前提」をどこにおくか、そして理性をどの「方向」に進行させるか、そこに「感性」のはたらきがないわけがないからである。そして感性とは何かとなれば、それは、「感情」とか「気分」とよばれている精神的要素と大きく重複しているとみるほかない。

そのことに曇りなく気づいたのがアルトゥール・ショーペンハウアー★14の「意志」論であり、ニーチェの「権力」論であり、そしてハイデッガーの「不安」論であるといってよいであろう。より広くいえば、「認識はいかにして可能か」ということにまつわるあらゆる言説が心理学的な考察だということである。ルネ・デカルト★15の「良識」にせよ、イマヌエル・カントの「範疇」にせよ、フリードリッヒ・ヘーゲル★16の「精神」にせよ、すべてそれらの出自は、たとえそれがデイヴィッド・ヒューム★17の「慣習」のように明示されていなくとも、人間の「心理」にかんする解釈にあったのである。

たしかに、カントの「思惟《しい》」やヘーゲルの「思弁《しべん》」にあって、その基礎や枠組はいわゆる形而上的な表現で示されている。しかし、彼らとて地上の人、神のお告げを認《したた》めることをもって哲学となしたのではないのである。人間の心理の構造と過程の在り方を、あたかも神の理性に従うかのように、しかし実際には彼ら流のやり方で、「解釈」してみたのが彼らの形而上学なのだ。

その後の認識論において、ヴィルヘルム・ディルタイ[18]が「生」に、チャールズ・パース[19]が「記号」に、エドムント・フッサール[20]が「現象」に、ハイデッガーが「語源」に、そしてルードヴィッヒ・ヴィトゲンシュタイン[21]が「日常言語」に注目したのも、人間「心理」の核心と全貌をとらえたかったからにほかならない。それらの哲学者は、文学者とも精神分析医とも大いに異なったやり方ではあったが、やはり心理家であった。彼らは、認識活動の根源が、神の理性にでも自然の法則にでもなく、ほかならぬ人間の「精神」のなかにあるとみなした。そしてその精神の根源には、「気分」とよんでさしつかえないものがわだかまっていることを見据《みす》えた。その見据え方において最も腰の坐っていたもの、最も堂に入っていた者、それはハイデッガーであろうと、私は判断している。

いうまでもないことだが、「感性」といい「感情」といい、「心理」といい「気分」といい、それらができるだけ厳密たるべき「認識」の親であると知るのは、かならずしも心地よいものではない。というのも、たとえば「気分」でいうと、それは流動し変動し、断絶し飛躍し、要するに摑《つかま》え所の難しいものだからである。「気分」という不確実なものの上に「認識」という確実なものを打ち立てる、このアクロバティックな作業をなしつづけるがゆえに、哲学は、いくど死を宣告されても、諸科学の女王の地位にとどまりつづけているのだ。

当《あ》て処《ど》が定かならぬとみえる「気分」の動き方のうちにも、何ほどか確かな道筋を発見できるのではないか。それを発見できたなら、それはほとんど「認識の論理」を確定したも同然である。自余《じよ》のことは、おおむね、数学的な同義反復として述べ立てればよいだけのことだ。少なくとも、(個人意識における)「意味」と(社会意識における)「価値」とに解釈を加えていくというやみがたい性向、そうした人間の行為を直接に扱う社会「科学」や人文思想の認識にあってはそうである。そこでは、意味・価値体系の位置を定める「前提」や認識の向かう「方向」、それらを解釈することがアルファであるのみならずオメガともなる。だから、「時代の気分」とでもよぶべきものを読み解く努力をしないような「科学者」や思想家は、その気分に弄《もてあそ》ばれる仕儀となる。

だが、今は、我々の解釈すべき時代の気分は「自覚されざるニヒリズム」という厄介者《やっかいもの》である。ニヒリズムの瘴気《しょうき》は一切の意味・価値を錆《さ》びつかせ、朽《く》ち果てさせていく。そのかわりに、「進歩と人権」あるいは「自由と民主」といった、それら自体としては無意味かつ無価値な大標語だけが、あたかも形而上の命令のように、繰り返されている。こういう有様になったのは、我々が、自分らの内部における「虚無の気分」を増殖するがままに任せていた、ということと関係している。その結果、気分すらが虚無になる、つまりきわめて無機的な様子で人々が生きている、あるいは死につつある、という光景が広がっている。虚無の気分どころか、あらゆる種類の気分について、それが、男女間であれ親子間であれ、友人間であれ、世代間であれ、「気遣《きづか》い」というものがなおざりにされている。実は、そうした気遣いの全般的放擲《ほうてき》こそがニヒリズムを培養《ばいよう》してきたのである。そうであるならば、ハイデッガーあたりから示唆《しさ》を得つつ、「気分への気遣い」あるいは「気遣いとしての気分」について検討し直してみるしかあるまい。

Ⅱ 「気遣い」の衰弱

人間は、本来的には、実在（真理）とは何かと「問う」ことをやめられない宿命を背負っている。この問いは、人間が「道具」をもって自分の外部世界とかかわろうとするところから、必然に発せられる。つまり自分の道具が時と所を得ているかどうかについて人間は「気遣い（Sorge）」をせざるをえず、それが「真理への問い」を促《うなが》す。

むろん、道具とその関連物は単なる事物としても在り、したがって人間の「情状性」、つまり「気分（Stimmung）」は次のように二面的である。一方で人間は、「気遣い」にもとづく実在への「問い」としておのれを「企投《きとう》（Entwurf）」させている、つまり不確実な未来へ向けて行為を「決意」しようと身構えている。他方で彼は、事物のなかに「被投《ひとう》（Geworfenheit）」されている、つまり「問い」を忘れて事物のなかに安らぎ、そこに「頽《たい》落《らく》（Verfallen＝みずからへの問いという人間の本来性を〈剝奪〉された状態）」している。

この二面性がしかと自覚されているなら、人間はおのれの在り方を「了解（Verständnis）」すべく努める。さらには了解についての了解を求めて「解釈（Auslegung）」を行う。また、そのようにみずからの「気分」について語りつづける。しかし、「頽落」のうちに安らいでいる人間の語りは、単なる好奇心にもとづく曖昧な「空話《くうわ》」である。だが、この安らぎの空話にも「不安」が訪れずにはいない。気遣いと問いを「忘却」したために、自分の在り方が偏頗《へんぱ》なものになっているのではないか、自分は、世界の内部に在るものとして全体性を失った生を送っているのではないか、という「不安」が彼をつかむからだ。この不安は、対象が定まっているものとしての恐れとは異なり、対象が無規定だという意味で、いわば「無」の不安である。そしてこの「無」こそが人間精神の故郷なのだ。「無」の不安があるかぎり、人間は自己の在り方についての了解・解釈へと押し戻される。だから、その本来的な意味で、「死」の不安は明るいのである。

「世界内存在（In-der-Welt-Sein）」としての人間の生の全体性を開き示してくれる契機が

ないとなれば、人間は不安から自由でいられる、少なくとも不安をやりすごすことはできる。しかし、人間はおのれの「死」に気遣いをせずにはおれない存在だ。なぜなら、自分の死は、自分のあらゆる可能性に終止符を打つのであり、それゆえ全体的であるのだから。しかも、その死に向かっていかに生きるかという意味で、つまり死を読み込んだという意味で、その生は先駆的《せんく》である。しかし、いくら先駆的決意をもって自己を「企投」させたとしても、それが「非力」な企《くわだ》てであることはどうしようもない。その「非力」の自覚にもかかわらずなおも死に向かって先駆せんとすれば、そこに「良心（Gewissen）」の呼び声が聞こえてくると思いなすほかないであろうし、そう感じることができるようにおのれの意識をいくども組み立て直すほかないであろう。そこに展開される過去の想起と現在への注視と未来への予期という時間的複合が人間の意識をして「時熟《じじゅく》（Zeitlichkeit）」に至らせる、または「歴史」へと繋ぐのだ。

私が、ハイデッガーに拠《よ》りつつ構成してみた自分の気分の流れは、このような筋道を辿《たど》っている。私のみならず誰のものであっても、気分はこのようにして「気遣い」から「時熟」へと至るのだと思われる。あまりにも明らかなのは、「被投」といい「頽落」といい、「不安」といい「忘却」といい、「無」といい「非力」といい、ニヒリズムへの誘因が随処に待ち構えている、それが人間の「生」であるということだ。そうなのだと自覚すればこそ、ニヒリズムに抗するため、人間は「企投」し「了解」し、「死」を想い「決意」し、

「良心」を開き「時熟」を願うのである。

だが、ほかならぬ「文明」が、この人間の在り方の際疾《きわど》さを徹底的に揺さぶってきた。人間の生の道具的連関にたいする「問い」は「テクノロジズム（技術主義）」によって封じられ、人間は技術システムのなかへと「頽落」させられている。ヒューマニズムにおける「生の謳歌」は、生物としての「死への恐れ」だけを拡大し、そして福祉のなかでの安らぎをめぐる「空話」をひたすらに肥満させている。人間は、「多忙」であることをもって「生の充実」とみなしているが、それは、自己への問いを忘れた「平均的日常性」への逃避である。そこで人間は、問いへの責任という「本来性」を忘れたという意味で無責任な、または人間の在り方として非本来的な、ダス・マン、つまり「世人《せじん》」になりはてる。

こういった事態を一言でいえば、「気遣いの衰弱」といえるであろう。もちろん世人とて、個別具体的な事物については、恋愛や就職あるいは罹病《りびょう》や旅行などの折に、あれこれの「配慮」を行ってはいる。しかしここで「気遣い」というのはもっと本来的なものである。「実在への問い」、「解釈への歩み」、「死への決意」、「良心への聴従《ちょうじゅう》」、そうした（結局は「沈黙」へと至り着くしかないであろう）「語り」を生み出すような「気遣い」は、文明の発展につれて、衰えていくばかりである。

我々が日々なしているのは、マックス・ピカート[★22]流にいえば「逃走」なのだ。真理からの、価値からの、死からの、良心からの逃走、それが「雑多なものの開始、雑多なものへの距離」をもたらしている。しかも、我々はそれを「文明の発展」と称している。だから、その発展はただちにニヒリズムの成長をもたらす。そこにあっては、ニヒリズムということの意味すらが「逃走の言葉」によって破壊されている。つまり、「言葉のある瓦礫《がれき》からほかの瓦礫へ跳んでいくような」やり方で、ニヒリズムが玩《もてあそ》ばれている。

ハイデッガーの場合、その哲学は、「エティモロジー（語源）」にはじまる言葉の歴史を論理的に解明することを通じて、「エティモス（真の）ロゴス（言葉）の故郷」は那辺《なへん》にあるかを了解せんとする試みであった。政治的な活動という点では、彼は、ほんの一年ばかり、ナチス党員としてフライブルク大学の総長をやっただけのことである。その意味では積極的ニヒリストとはいえない。いや、そもそも、彼はニヒリストなんかではなかったのである。彼のやったのは、ニヒリズムのごく間近にまであえて進んで、言葉がニヒリズムによって汚染されないよう努めたということである。

しかし、ニヒリズムに接近戦を挑んだことによって、ハイデッガーがニヒリズムの返り血をあびたのも確かだ。つまりニヒリズムが、「無」の想念や観念を経由して、人間に執拗につきまとうものであることを彼は知悉《ちしつ》するに至ったのである。そこまで、人間精神の根源に肉迫したのであるから、彼の言葉からニヒリズムが醸《かも》し出されるのは、蓋《けだ》し当然である。そしてその言葉はまさに「積極的ニヒリズム」に親近しているのであって、「逃走の言葉」とは逆のものである。彼は、人間の「気遣い」がいかにやすやすと安らぎあるいは退屈のなかに頽落していくものであるかを知っていた。つまり、「消極的ニヒリズム」の誘惑がいかに強いものであるかをわかった上で、彼はその誘惑に打ち克《か》とうとしたのであった。

人間は弱いものである、堕落しやすいものであるという消極的ニヒリズムの認識は、それ自体としてはまことに重い。しかし、そこにとどまるなら認識そのものがニヒリズムによって食い破られてしまうであろう。その一例として、坂口安吾《さかぐちあんご》★23の『堕落論』にかんする解釈問題を取り上げてみよう。

硝煙のにおいが消えやらぬ惨めな敗戦のただなかで書かれたその文章は、たとえば梅原《うめはら》猛《たけし》★24によれば、次のように解釈された。またそのような解釈が文学者の方面でおおよそ共有されているようでもある。「天皇制を支えていたあの滅私奉公の道徳、それが崩壊しているのである。そしてその禁欲精神にみちた道徳が崩壊するとき、幸福を求める純粋な肉体だけが残るのである。安吾は、このような精神の美風はもともと人間が弱いもので堕落しやすいためにもうけられた虚構である、と考える。今やこの虚構が崩壊するときが来ているのである。安吾はこの虚構は崩壊するがよいと考える。虚構が崩壊し、肉体をもった裸の人間のみが残る。そしてその裸の人間から出発せよというのである」。

まったく間違っているというのではないが、虚構としての美風を疑うのがニヒリズムだ、「裸の人間」にまで堕落してみせるのがニヒリズムだというのは、安吾論として正鵠《せいこく》を射《い》ていないし、ニヒリズム論としてもいただけない。安吾の『堕落論』の本質は最後の数行にある。「人間は可憐《かれん》であり脆弱《ぜいじゃく》であり、それ故愚かなものであるが、堕《お》ちぬくためには弱すぎる。人間は結局処女を〔美しいままに〕刺殺せずにはいられず、武士道をあみださずにはいられず、天皇制を担《かつ》ぎださずにはいられなくなるであろう。だが他人の処女でなしに自分自身の処女を刺殺し、自分自身の武士道、自分自身の天皇をあみだすためには、人は正《まさ》しく堕ちる道を堕ちきることが必要なのだ」。つまり安吾の言い分は、一つに、あの戦争における「偉大な破壊、その驚くべき愛情。偉大な運命、その驚くべき愛情」は実に賛嘆に値するものであったが、それは、「堕落ということの驚くべき平凡さや平凡な当然さ」と比べると「泡沫《ほうまつ》のような虚しい幻影にすぎないという気持がする」ということである。そして二つに、しかし人間は幻影なしには生きられぬほどに弱いのであるから、いわば、限界点まで堕落したところで自分が是が非でも持ちたいと思うような幻影をみつけ出せということである。

ハイデッガーの精緻な論理と安吾の雑駁《ざっぱく》な文章とを比較するのは気が引ける。だが、両者の思想の構造は同じだと思われる。一つに、消極的ニヒリズム（堕落）から逃れられないと承知せよということであり、二つに、しかしニヒリズムに浸《ひた》り切ることもできないと察知せよということであり、三つに、ニヒリズムからの脱出という積極的な企てを準備せよ、ということである。おそらく、これが積極的ニヒリズムというものの正体なのであろう。単なる破壊、単なる冒険、単なる狂躁としての積極的ニヒリズムなどはまずありえない。またあるべきものでもない。それにしても、単なる肉体、単なる暮らし、単なる欲望に堕ちよ、という形で消極的ニヒリズムを弁護するのが我が国の戦後の習わしになったとするなら、我らは実に退屈な国の住人だといってさしつかえあるまい。我々もニーチェのいう積極的ニヒリズムを身につける必要があるのであろう。だがそれが、古き神の否定と新しき神――たとえそれが「純粋な肉体」というような代物であっても――への願望というような、精神の単純すぎるドラマからしか生まれてこないというのでは困る。ハイデッガーは、それとは別の方向に、つまり消極的ニヒリズムの底からそれを克服する精神の旅をなすことに、積極的ニヒリズムを定位したのだと思われる。

Ⅲ　人間の事物化

「道具」にまつわる意識にあっては、人間が世界にかかわっていく仕方をおのれ自身で問い返す、という精神の作用がはたらいている。それにたいし「事物」は、その意識の頽落形態である。そこでは、おのれと世界とのかかわりは問う必要のない所与《しょよ》のメカニズム、つまり「機制《きせい》」ととらえられている。その機制にたいして払われる注意は、「実在」への問いを忘れた単なる技術的な「配慮」にすぎず、本来の「気遣い」ではない。

そのようなものとしての配慮を旨《むね》として暮らしているのが「世人」である。そして世人は、機制のなかで相互に依存し合っている。そこにおいては、実在への問いが免責《めんせき》されている。いいかえれば、世人たちの構成する世間においては、人間たちがつねに相手を必要として生きてはいるものの、その必要はあくまで技術的なそれであるにすぎない。実在を求めて「いかに良く生きるか」という観点からの必要ではないのである。それゆえ世人は、「孤独」ということの真の意味を理解しない。実在を求める問いは、一つに、ほかならぬ自分に独個の、他者と完全には共有しえぬ種類のものであり、二つに、その問いが最終の答えに辿り着くことはけっしてない、という二つの意味での「無」から孤独の感覚が生まれる。だが、そのことを世人は理解しない。

世人は、技術的な相互配慮によってあまりにも強く結び合わされているため、孤独を味わう能力を持たない。彼らにありうるのは、ただ、その事物の技術的連関から切り離されることについての恐れのみである。それにたいし孤独を知るものは、「無」への不安に脅《おび》えはするが、しかし、他の孤独な人々もその種の不安を共有しているであろうと思うことができる。その思いのなかに、ハイデッガーのいう「共同存在（Mitsein）」としての人間の本来的な在り方を洞察することもできるのである。

自分は事物的な必要、つまり「非本来的必要」としてしか他者の前に現れていないとわかれば、当然のことながら、世人は自分を一個の事物だと受け取る。他方、「本来的必要」とは次のようなものだ。人々が道具によって自分らと世界とを関係づけ、そうすることによって世界内存在としての自分らの在り方を「問う」ているとしよう。そういう人々の営みにおいて自分が必要とされているなら、それが本来的必要である。この本来的必要から見放されて事物と化し、そしていつなんどきその事物としての存在意義すら奪われかねないという恐れに戦《おのの》いている世人は、その全き非本来性のゆえに、ニヒリストである。

世人なるものは、すでに言及したように、オルテガの定義による「大衆」と同義である。だから、「高度大衆社会」としか形容しようのない現代社会は、つまり大衆とその代理人とによってあらゆる権力を簒奪《さんだつ》されたような社会は、ニヒリストの大群によって占拠されている。また、自分は本来的必要によって家族、学校、地域、国家および国際社会のなかに位置づけられているのではないと（それこそ揺籠《ゆりかご》から墓場まで）教えられ味わわされ脅かされれば、十中八九以上の割合で、人間は世人に、大衆に、頽落する。そればかりか、事物の技術的必要をめぐる（人間にとって非本来的な）社会的機制のなかで、世人・大衆は他者より有利な地歩を得んと躍起になりはじめる。それが大方の現代人をして筋金入りの、あるいは矯正《きょうせい》しようのない、ニヒリストに仕立てていくのである。

身近な例でこの様子を描写してみよう。往時ならば、人は、幼児のときから、母親が苦境のなかでなおも演じようとしている愛情物語において、自分が不可欠の登場人物であると実感できていた。母親が命令し子供が服従する家事手伝すらが、単なる技術的必要以上のものによって成り立っていた。つまり、非力な母子は（良心とおぼしきものの声にそれぞれ聴き従おうとする構えから発せられる）本来的必要によって繋《つな》がれていた。師弟のあいだでもそうであって、知育は（真理のため、国民のためといったような）本来的な、少なくとも本来的必要に近づかんがための、目標によって統御《とうぎょ》されていた、いいかえればそれは徳育と分かち難く結びついていた。また地域にあっても、インハビタント（慣習のなかにいるもの）、つまり「住民」の本務は、慣習のなかに内蔵されているはずの伝統の精神もしくは歴史の英知を体得し実践することなのであった。

そして職場とは、仕事、つまり事に仕えることを「コーリング（召命《しょうめい》、天職）」とするものたちの活動の場であり、それは、人間の非本来的な人間活動を説明する（経済学のような）知識によってはとらえることのできないものであった。なぜなら経済学は、労働の不効用と賃金（およびそれによる消費）の効用とを交換する場が職場であるといって憚《はばか》らないからである。さらに国家や国際社会が、言語、宗教、文化史、そして風土などへの気遣いを通じて、人間の本来性への問いが開示されるのに必須《ひっす》の場所でもあるとみなされていた。

いうまでもないことだが、世人・大衆は近代において突如として発生したものではない。古代アテネのデモス（民衆）や帝政期ローマのプレブス（平民）以来、「大衆」としかよびようのない人間の群れが文明の中心部を占領しつづけてきた。しかしオズヴァルト・シュペングラーの言を俟《ま》つまでもなく、主として道具を事物化したものとしての技術にかかわる文明と、道具を人間の本来的な在り方のなかにおこうとする文化とは似て非なるものである。近代に至るまでは、文化の衰滅を伴うような文明の発展に異を唱える一群のインテレクチュアル（思想的知識人）がいた。いや、そうした思想の系譜は、前世紀前半までは何とか延命していた。

そうした種類の知識が絶滅の危機に立ち至っていること、それが現代社会の大衆性を絶頂に近づけている。世人は、首元まで世人でありつづけてきた私としては自信をもって断言できるのだが、「退屈」のどん底で喘《あえ》いでいる。彼らがいくらビジネス・マンとして、つまり多忙・人間として、退屈を知らぬげに生きていても、それは、本来性の次元における退屈を糊塗《こと》するため、非本来的な次元での多忙へと逃走しているにすぎない。その証拠は、我ら多忙人間の子供や孫たちが群をなして深い退屈へと沈み込んでいるという事実によって示されている。

考えてもみよう。自分が、家族から国家に至るまでの社会的機制のなかで、本来的には必要とされていないのだと、物心ついたときから感じさせられ考えさせられたりした人間が退屈から無縁でおれるだろうか。むしろ、それを絶大な退屈と感じるところにこそ、おのれの本来性を忘却し切ることは人間にとって不可能なのだという真理が証されているとみるべきであろう。多忙人間は、退屈人間を生み育てることを通じて、自分が退屈から追われる身であることを告白しているのである。

退屈人間は多忙を装うことに退屈し、それゆえ、文明を与えてくれた自分の父祖たちに、呪いを差し向けることはあっても、感謝することはしない。実際、そのような新世代が（先進諸国とよばれる）高度大衆社会において確実に数を増している。しかし、それを忘恩の徒と謗《そし》るのは筋違いである。文明のもたらした「富裕と平等」なんぞは、古代ローマの昔から、「パンとサーカス」にしかなりようがないのだ。

つまり「物欲と娯楽」をめぐる安楽の増進は、晩《おそ》かれ早かれ、その種の欲望を飽和状態へと追いやっていく。そこで生じる退屈は、まずまだ残る僅かな欲望の未充足にたいして異常なまでに不満をかき立てるという形でヒステリア症状に陥り《おちい》（多忙人間の場合）、次に（非本来的な）活動力を鈍らせるという形で無気力症に落ちる（退屈人間の場合）という顚《てん》末《まつ》になる。しかしそのような病理の招来とて、あくまで一時的な精神の処方にすぎない。何のための「パンとサーカス」であるかという問いが窒息させられているということについての、いわば本来的な退屈は癒されないままである。

退屈、それが広範かつ露骨に表出されているのは現代である。とはいえ退屈は、人間性の癒し難い病理としておおよそあらゆる時代のほぼすべての人間に看取される。しかもそれは、時代とそこにおける人間の全体的な姿をとらえるのを職務とも愉悦とも感じている（真正の）知識人を、つまりインテレクチュアルを、最も深刻な形で襲う。思想的知識人は、人間にとっての本来的な問いをやめるわけにはいかないので、そのかぎりでいえば、自分の心理のなかから退屈を退治するのに長《た》けている。しかし彼は、その問いをも対象化するのである。あるいは問いそれ自体に（またその問いを発した自己それ自身に）言及するのだ。このいわゆる「自己言及」が彼を知的な快楽と苦痛との狭間《はざま》あるいは興奮と退屈の境界へと誘い込む。

正宗白鳥《まさむねはくちょう》は、★26生涯にわたって、並でない知的努力を続けながら、（自分のことを含めて）自分の眼に触れたものにたいして「詰《つ》まらない」との感情を抱き、そうなのだと表現することをやめなかった。それは自己言及というものの必然の帰結なのだと私は思う。たとえば、ある書物を面白い、面白いと思いつつ読了した場合について考えてみよう。自己言及とは、その書物をこれまで読んだ様々な書物のなかに相対化することであり、そして面白いと感じた自分自身をほかの様々な知識人との比較という形で相対化することだ。その比較や分類、そして分析や総合の作業それ自体が、あの面白いと思ったときの快楽や興奮を減じさせるのである。いや、自分の快楽や興奮が何であったかを眺め返すのにもそれなりの楽しみがなくはないであろう。しかしそうしたいわゆる対自的な精神のはたらきがもはや即時的な感興をもたらしてくれないことは明らかである。

退屈というものは、本来的な次元にかかわろうとする精神にすら、食い込んでくるものである。その意味で、「詰まらない」という感覚くらい始末に負えないものはない。世人はおのれが事物化していくことに、明確には自覚しないままに、退屈を覚える。世人であることを免《まぬが》れようとしているものにあっても、その努力が自己言及を招来するために、退屈が自覚される。これが人間の生活と人間たちの社会との総体を詰まらないものにみえさせるのだ。そして、そうなのだと感受し認識することが人間を強かれ弱かれ不安に落とし入れる。その不安にどう対峙《たいじ》するか、それこそが、最も深く本来的な、意識のはたらきであると思われる。しかし、十八世紀末からの近代は、ましてや第二次大戦後の現代は、事物の技術的連関における革新の規模と速度を大きくすることで、この不安に目眩《めくら》ましをかけた。事実、それに目眩《めくる》めいた世人・大衆は、不安の大海のなかでの漂流を、高度情報社会による希望のゆらめきと取り違えている。

Ⅳ　孤独の封殺

人間の本来性に無関心でおれないものは、「コギト・エルゴ・スム（思う、故に、ある）」の主体が自己でしかありえないと思い知る。デカルトのいう主体が神の極端な似姿にすぎず、それゆえ、客体から分離されたものとしての人間が数学的な合理のみを発動しがちである、といったような合理主義批判はここでは、さしあたり、どうでもよい。神が死んだあとでも、主体と客体との相互依存が認識論によっていかに克明に描かれようとも、実在への問いを主体的に発しているのはほかならぬ自分である。しかもその問いは、「歯痛は私一人にとって痛い」（オルテガ）という喩《たと》えそのままに、自分という主体にとってのみ痛切な意味を持つ（少なくともそうなのであろう）と思うほかない。その意味で、本来的に生きんと構えるものは孤独を免れない。

これは通常の個人主義が想定する孤立というものとは何の関係もないことである。そもそも人間は世界のなかに生まれ落ち、世界とかかわって生きるのであって、世界を創ったり壊したりできるようなものではない。私のいう孤独とは、この自分と世界とのかかわりを問うているのはほかの誰でもなく自分だという当たり前のことである。しかし、この当たり前のことが頻繁《ひんぱん》に忘れられるのだ。それはいわゆる「エイプリオーリズム（先験主義）」が隠伏《いんぷく》的にせよ持ち込まれるからである。

もちろん、西欧中世のスコラ哲学におけるような、「神の理性」を先験的に前提とするようなやり方はとうに廃《すた》れている。しかし、科学的方法を正当化せんとしたカントの流儀とて先験的である。科学は、認識の限界外にあるものを「物それ自体」としていわば暗闇におき、認識の明るみはアキシオム（公理）、ポスチュレイト（公準）あるいはアサンプション（仮定）――その順で経験との繋がりが強くなり、そしてその順で一般性を失って特殊的となる――を設定するところから始まる。だが、それら限界線がいかなる経験にもとづいて引かれるのかということに言及しないかぎり、科学は先験主義的でありつづけるのだ。とくに理論の経験的検証において大いに疑わしい状態にある社会「科学」の方面にあっては、その「科学」的方法は経験を「物それ自体」のなかに放り込むといった類のものになっている。あとは数学的論理と統計的資料とを（たとえば経済学における個人主義といったような）イデオロギーを正当化するのに利用しているだけのことだ。

レフ・シェストフ★[27]が鋭く見抜いたように、「科学」における先験的（および擬似先験的）な思考法は、論理というものを人間の生の経験から確実に防衛するためのものであった。少なくとも「科学」はそのようにして人間の「生」を遠ざけた。そしてその先験主義には、人間の生に被《かぶ》せられる理想主義も含まれている。わかりやすい例でいうと、経済学などにおける科学的方法としての個人主義（要素還元主義）という先験的な判断は、個人的自由主義という先験的な理想と表裏一体をなしている。つまり、論理主義と理想主義の合体が科学において図られてきたわけだ。

フョードル・ミカエロヴィッチ・ドストエフスキー★[28]やニーチェはそのような先験主義に猛然と闘いを仕掛けた。生という名の「物それ自体」には、ドストエフスキーの生におけるように牢獄もあれば、ニーチェのそれにおけるように狂気もある。理想主義と合体した科学主義は、生における苦悩、絶望、倦怠《けんたい》、孤独の一切にたいして、無関心である。シェストフの引用している卓抜なロシアの小咄《こばなし》でいえば、濁流で溺れかかっているものにたいして、「身体に気いつけんだぞ、沈んで大往生をとげなよ」といっているようなものである。「哲学の根本問題などは、人が人生に本気で突き当たるや、瞬時に蒸発してしまう」（シェストフ）のだ。

　ニーチェはドストエフスキーを「多種多様なことを学びえた唯一の心理家」とよんだが、ニーチェもそういう心理家であった。彼らはともに「自分のなかにある厭《いと》わしい思想を発見した人」（シェストフ）なのである。そして両者とも、とくにニーチェは、それを発見したために不幸のただなかにいたが、しかし、まったく不幸とは無縁でいるかのように喋《しゃべ》りつづけた。さらに、すべての信仰を打倒したあとに何が残るのかと問い返されたら、「無」と答えるのに怯《ひる》みもしなかった。理想主義者たちは宗教者を真似て「悪」を排斥したが、シェストフのいう「悲劇の哲学」にあって批判の的となるのは、人間の生への「軽蔑」である。人間の生のどまんなかに「無」が口を空けて待っている、そのことを見抜こうとしない理想主義の本質は、シニシズムにほかならない。

　もちろん私とて、認識の論理はカント的に構成されるほかないとわかっている。問題は、その論理の始発する限界線をどこに設けるかということである。生の深奥にまでそれを降ろしてやれば、とりわけ社会「科学」や人文思想の場合、もはや、科学の論理なんぞによっては如何《いかん》ともしがたい心理の葛藤（矛盾と二律背反）が渦巻いていると気づく。その葛藤を説き明かすのにも擬似科学的な論理が必要でありはする。しかし、話がそこまでくれば、認識者の主要な関心は、仮説を論理的に「演繹《えんえき》」したり、そこで導き出された命題の経験妥当性を「検証」することにはおかれない。生の混沌のなかからいかに仮説を「形成」するか、そこに認識それ自体についての心理家の視線が注がれることになる。

それが孤独な作業でないわけがない。またその孤独は、自己への問いを発するもののすべてに訪れうるのだ。例えば、抑圧からの自由を欲するのも自分ならば、全き自由のなかで茫然自失するのも自分であると誰しもが了解しうる。それを了解すれば、ニーチェにならって、あらゆる理想主義にたいして「すべて荘厳なものは私には厭わしい」といわざるをえなくなる。

しかし理想主義への反発が虚無主義をもたらすのであれば、それは最も厭わしい理想主義に、つまり理想を懐疑している自分を理想化するという意味でのエゴイズムに転落するであろう。そこでドストエフスキーの小説上のプロットなりニーチェの哲学上のメタファが担ったのは、最も複雑と思われる「物それ自体」とそれにたいする最も奥深いとみえる先験的判断とをフィクションとして創造するという逆説的な試みであった――それが逆説的なのは、創造の前提となるはずのものを創造してみせるからである――。このような奇怪な作業が孤独に発し孤独に終わるであろうことは、論じるまでもない。

さらに逆説的なのは、この孤独にあっては、自己が明示的には登場しないということである。自己は、せいぜいのところ、最後に、しかも覆面をして、現れるにすぎない。というのも、物それ自体の得体の知れなさや先験的判断の底知れなさは、もはや、自分に固有のものとは思われないからである。その孤独な心理家は、自分の心理のうちに、自分が今の自分とは違った自分でありえた可能性を読みとる。そのようにして他者たちをぐるりと見渡せば、彼らがみな自分の分身であるかのように思われてくる。そのように他者に、自分のうちにいる他者にすら、気遣いをするという意味で彼はアルトルゥイスト、つまり「利他主義者」である。そして最後に、そのように気遣いをしているのが自分であったと気づく。しかも、その気遣いの終点としての自己は、始点にいた自己とはすでに異なっているのだ。そういう心理の循環のなかに自分がいると知ることが、ここでいう「孤独」の正体である。

少し面倒な話になってしまったが、私のいいたいのはごく簡単なことだ。世界とかかわり、そのかかわりに「問い」を差し向けつづけている人間、つまり頽落し切ってはいない人間にあっては、孤独の感覚を持って言動するのが他者にたいする最低限の礼儀作法のようなものだということである。その作法の由来を尋ねてみたら、ドストエフスキーやニーチェの言説に突き当たったというわけだ。

現代においては、「独りぼっちの群衆」というデイヴィッド・リースマン[29]の形容にみられるように、人々のかかわりは、その本来的な相としては、あたうかぎり希薄になっている。それにもかかわらず彼らは群をなして動いている。テクノロジーおよびシステムが彼らにグリゲアリアスネスつまり群居性を与えているのである。彼らの表情は非本来的な相貌を示している。つまり技術的体系の上に張りつけになったものに特有の、孤立感と寂《せき》寥《りょう》感をみせつけている。しかも、その孤立と寂寥の模様が彼らにあって、同一なのだ。彼らは、「問い」という孤独な作業をなすことをやめたのである。したがって群なす人々は非個性的にならざるをえない。そして彼ら孤立者の機械的な集合体は、きわめて頻繁に、孤独者を襲撃する。たとえば、「知性に適用された平等主義」（アレクシス・ド・トックヴィル[★30]）をかざし、足し算すれば多数者のがわにより多くの知性があると称しつつ、世論《せろん》の名において孤独な少数者の「問い」を封殺するのである。

アレティア、つまり「真理」という言葉の語源は、ハイデッガーによれば、レーテ（忘却）の否定（ア）ということだ。高度大衆社会が「問い」を抑圧するのは、忘却を否定されたくないからである。人間存在の本来性は、「死にかかわる存在」として「無」をうがたれている。あるいは「不安」という無規定な対象への気遣いによってつらぬかれている。そこで、そんな「無」は忘却されるがままにしておきたいというわけだ。その忘却をより円滑にするために、浅薄な先験主義が、軽薄な理想主義を味方にしながら人間の生をがんじ搦《がら》めにする。つまり、物それ自体を硬直化させるのだ。

そして実際に、世人・大衆は硬直した生のなかに、というより硬直によって生気をなくした状態のなかにいる。彼らは、外見では、あたかも創造的破壊者のように、たえず旧態依然の情報をかなぐり捨てて、より新鮮奇抜な情報へと乗り移っているようにみえる。しかし、その情報の流れ自身が技術化され体系化されていることに注目すれば、そこにあるのは「退廃の公式」(シェストフ)だとわかる。つまり、人間の本能ともいうべき「物それ自体」としての生への問いが封殺されているのだ。

「生」に肉迫するには、「生」を凝視しなければならず、「生」を凝視するには「生」から距離をとらなければならない。そして、そこに孤独の感覚が生まれる。世人・大衆は孤独を知らずに、たとえば自由・平等・友愛といった観念の雑草を食《は》みながら「牧場の幸福」(ニーチェ)を楽しんでいる。しかしよくみれば、彼らの表情には、本来は自分らのものでないはずの群居性になぜ自分らは従っているのか、という不安が漂っているのである。

★14　アルトゥール・ショーペンハウアー［Arthur Schopenhauer 1788-1860］ドイツの哲学者。カントの哲学に影響を受け、世界を表象とみなして、その根底に盲目的な生存意志を置いた。この意志の無根拠性ゆえに、経験世界はすべて非合理であるという厭世哲学を広め、ニーチェなどに受け継がれた。主著に『意志と表象としての世界』『自殺論』など。
★15　ルネ・デカルト［René Descartes 1596-1650］フランスの哲学者・数学者。精神一元論的なスコラ哲学への不満から、人間が直接経験することのできる厳密な学としての哲学を構築した。「我思うゆえに我あり」を最初の確実な知識として、神と精神と物質の存在を証明し、物心二元論を打ち立て、近代哲学の礎を築いた。主著に『方法序説』『情念論』など。

★16　フリードリッヒ・ヘーゲル〔Georg Wilhelm Friedrich Hegel 1770-1831〕ドイツの哲学者。理性・精神はさまざまな段階を経て自己発展することを論証し、それが人間において自己意識に到達し、歴史のなかで発展するという運動を弁証法を用いて論証した。精神の自己発展の壮大な哲学体系を作り、その最終形態が国家であるとする論理の構造は、以後に受け継がれる近代哲学や社会のモデルを作った。主著に『精神現象学』『法哲学』など。

★17　デイヴィッド・ヒューム〔David Hume 1711-76〕イギリスの哲学者・歴史家。ロックの経験論の影響をうけ、観念の源を印象に求め、その法則性を指摘。しかしその法則には必然性がないとして、「慣習」をその経験論の基礎にすえて客観性を否定した。その経験論はカントに受け継がれ、またアダム・スミスの経済学にも影響を与えた。主著に『人性論』『イギリス史』など。

★18　ヴィルヘルム・ディルタイ〔Wilhelm Dilthey 1833-1911〕ドイツの哲学者。自然科学に対抗する精神科学を確立し、その基礎として構造心理学を提唱した。また、「生の哲学」として歴史の構成を体験・表現・了解の関連から捉える解釈学にも貢献した。文芸や芸術にも深い理解を示す仕事もある。主著に『精神科学における歴史的世界の構成』『体験と文学』など。

★19　チャールズ・パース〔Charles Sanders Peirce 1839-1914〕アメリカの数学者・哲学者。哲学を世界観よりも多元的な方法にかかわるものと見なし、いっさいの観念を行動のための規則や有効さと捉える「プラグマティズム」を提唱した。数学を模範とするその包括的な記号論理は記号論として提唱され、論理学の一新を計った。主著に『我々の観念を明晰にする方法』など。

★20　エドムント・フッサール〔Edmund Husserl 1859-1938〕ドイツの哲学者。哲学を先入観を排した事象そのものへ還元する意図のもとに、実証主義的な事実より、事実のなかの本質を直観力によって捉える「現象学的還元《かん》」の方法を生み出し、新しい認識の方法を確立した。晩年は、主観性の共同化による高い次元の主観性を「間主観性」とし、他者や共同体にも「還元」の方法を適用した。主著に『厳密な学としての哲学』『イデーン』など。

★21　ルードヴィッヒ・ヴィトゲンシュタイン [Ludwig Wittgenstein 1889–1951]　オーストリアに生まれた、イギリスの哲学者。前期には、論理の限界が言語と世界の限界を意味するという理論を主張。後期には、言語は人間が有限の操作で行うゲームであるとして、それがどんな規則で行なわれる言語ゲームであるのかに批評的であることを説き、「慣用的表現」の重要性に注目した日常言語学派の先駆者となった。主著に『論理哲学論考』『哲学探究』など。

★22　マックス・ピカート [Max Picard 1888–1965]　ドイツに生まれたスイスの社会学者。豊かな人間性を失いつつある二十世紀の人間と文明への批判を展開した。現代人の特徴を「神から逃走」した者、明確な生活を持たず権力者の言うなりになる堕落した者と指摘して、それを奪回するための内的観照を試みる。主著に『われわれ自身のなかのヒトラー』『神よりの逃走』など。

★23　坂口安吾 [1906–55]　小説家。初期にはファルス的な小説、戦時期には形式的な美を排して実質的美を追求する『日本文化私観』などのエッセイを書いた。戦後は混乱する社会や人心を自らに引き寄せて、無頼派の流行作家として活躍した。「生きよ堕《お》ちよ」と訴えた『堕落論』のマニィフェストは余りに有名。その他にも文明論、推理小説、歴史小説など多産し、その過労がたたって神経衰弱にもなった。主著に『白痴』『桜の森の満開の下』『不連続殺人事件』など。

★24　梅原猛 [1925–]　哲学者・評論家。日本の芸能や文学の考察から始まり、古代史、日本語論、日本文化論など、歴史・文学・宗教を通底させたユニークな古代史観や「日本文化アイヌ基層説」などのいわゆる梅原史観を発表した。安吾の『堕落論』についての言及は戦後日本思想体系3『ニヒリズム』（筑摩書房）を参照。主著に『隠された十字架』『水底の歌』など。

★25　オズヴァルト・シュペングラー [Oswald Spengler 1880–1936]　ドイツの哲学者。ニーチェの「権力への意志」の哲学に影響を受けながら、世界史や諸文化を有機体として形態学的に観察した。第一次大戦などの経験から、当時絶対の力を誇示していた西洋諸国の衰退を暗示する『西洋の没落』を書き、時代の哲学として大きな反響を呼んだ。その他の著作に『決断の時代』など。

★26 正宗白鳥［1879–1962］小説家・評論家。知性が感情を押さえて働く独特な批評精神によって、日本の私小説や自然主義文学のなかでは異色の存在であった。人間の心の闇に入り込む作風を得意とし、近代人のドッペルゲンガーや自我喪失の心理模様も描いた。主著に『何処へ』『微光』『作家論』など。

★27 レフ・シェストフ［Lev Shestov 1866–1938］ロシアの哲学者・批評家。ドストエフスキーなど十九世紀ロシア文学やニーチェ哲学から影響を受け、徹底した反合理主義や反道徳主義の立場から絶望やニヒリズムという悲劇の哲学を確立した。日本では昭和初期に知識人の間で大流行し、「シェストフ的不安」などという言葉も流行《はや》り、ドストエフスキーの本格的理解の端緒になった。主著に『悲劇の哲学』『虚無よりの創造』『キルケゴールと実存哲学』など。

★28 フョードル・ミカエロヴィッチ・ドストエフスキー［Fyodor Mikhaylovich Dostevsky 1821–81］ロシアの小説家。道徳や組織や神と向き合った時の人間の内面の矛盾を描いて、文学に新局面を拓いた。シベリアでの獄中生活など波乱にとんだ生涯を送り、キリスト教との背反と和解を骨子とするその小説は、広く世界的に影響を与え、現在まで数多くの評論にも取り扱われ、思想化された。主著に『罪と罰』『白痴』『カラマーゾフの兄弟』など。

★29 デイヴィッド・リースマン［David Riesman 1909–2002］アメリカの社会学者。現代アメリカの大衆社会を舞台に、その中で自律的な行動ができずに他人の行動を自己の規範としてしまう「孤独な群衆」を描いた。また資本主義社会・都市社会での消費行動や生きがい、先進国と途上国の比較などをリアルに記述した社会学を展開した。主著に『孤独な群集』『何のための豊かさ』など。

★30 アレクシス・ド・トックヴィル［Alexis de Tocqueville 1805–59］フランスの社会学者。近代組織のモデルをアメリカ社会に見出し、その特異性や、西欧人が捉えたアメリカ社会の姿を正確に記述した。民主制の必然と、それが大衆的専制に転化する危険性を指摘し、ウェーバーの社会学に多大な影響を与えた。主著に『アメリカの民主政治』『アンシャン・レジームとフランス革命』など。

第二章　生活について——死の追放

Ⅰ　「生の哲学」の不毛

西欧において、キリスト教は衰えても、少なくとも十九世紀の前半までは先験主義が残った。それが「仮言」であり「仮説」であったとしても、その前提は「定言」や「公理」として、いいかえれば経験に先立つ「絶対命令」として、据《す》え置かれた。そして、十九世紀の後半から先験主義への反発が起こった。それは、認識の土台を構築すべく経験の大地を掘鑿《くっさく》する営みにほかならなかった。そこから「生」（ディルタイ）、「生活世界」（フッサール）といった概念あるいは地平が見出されることになった。そしてハイデッガーまでくれば、「現存在（Dasein）」つまり「人間の現実の生」が死への気遣《きづか》いによって根源的に時間性を与えられていることが知られた。また、「実在の住《す》み処《か》」としての「言葉」もまた根源的に歴史性を帯びていることが明らかにされた。時間のなかで歴史的に生きるほかない人間の宿命、そして時代の運命をみつめることによってはじめて、「認識」の確からしさを了解できるということである。

我が国においても、論理の構造としては同様の、観点の移動があったようだ。たとえば、林羅山《はやしらざん》★31を読めば、外来の朱子学の「格物窮理《かくぶつきゅうり》（事物に本来そなわる理に窮め至ること）」にみられるような形而上学的な思惟に逆らって、現に生きている人々の「人倫」を見極めようとする姿勢があるとわかる。伊藤仁斎《いとうじんさい》★32はその点をもっと明確にして、人倫を「日用」のなかに探り、そして人の世を「活物《いきもの》」としてみるよう視点を定めた。そして本居宣長《もとおりのりなが》★33になれば、もっと激しく、「やまとごころ」の表現のなかに世の出来事と人の心が融合している様子を摑《つか》みとらんとしている。

超越への絶対的な帰依《きえ》を形而上学的に語り尽くすという精神の慣習が乏しい我が国にあっては、認識論は、「神の前に佇立《ちょりつ》する個人」といった想念からは出発しがたいところがある。だから、近代に入っても、たとえばあれほど自意識に拘泥《こうでい》して「自己本位」を唱えた漱石ですら、晩年には「則天去私《そくてんきょし》」を周囲のものたちに語らざるをえなかったのである。白樺派文学のように自己と自然との調和を図る、人間の本来性をその調和に求める、という思考法が日本の思想史をつらぬいているといって間違いではない。

いや、自己と自然の調和というのはいいすぎかもしれない。日本人とて自己の死に不安を抱いてきたし、自然が制御不能の猛威をふるうこともあるとわかってはいた。そうした不調和にたいして、日本人は、おおむね、厭世《えんせい》の諦観をもって対応しようとした。つまり消極的ニヒリズムの習性が我が国にあるということである。この習性があまりに強かったため、生活と認識の関係が深く究明されなかったのである。人間の生に執着するという態度をせっかく持っていたのに、日本人は、そこから生（とくにその中心たる言葉の活動）の内容を腑分《ふわ》けし、それを認識論にまで深化させる努力を推し進めなかったように思われる。

消極的ニヒリズムの習性に甘んじてきたのは、やはり、形而上学という強力な敵がいなかったせいなのであろう。また形而上学を通じて論理を構築する習性を身につける、つまり敵から学ぶということが足りなかったのであろう。いずれにせよ、「生」が横溢《おういつ》していたにもかかわらず、日本において「生の哲学」といえるほどのものは組み立てられなかった。このことは、現代において、重大な帰結をもたらしている。つまり「生」は、ほぼ自動的に拡大していく技術のシステムにたいして、防波堤を築きえなかったということである。その拡大を好まなくても、「諦念」という消極的ニヒリズムをもって、それに順応するのが日本流である。

私は、いわゆる原罪意識という途方もないニヒリズムにもとづいて、神への愛や殉教の精神で、近代に反逆せよといいたいのではない。私のいいたいのは、「生」の何たるかを問うという態度を何とか保持していれば、またそれをインテレクチュアルが哲学・思想の認識にまで打ち固めていれば、技術への適応主義によって人々の「生」の全体が染め上げられるというようなことにはならなかったのではないか、ということである。そうとわかれば、次に、我々自身の「生活」をもう少し丹念に解剖してみなければならないであろう。

Ⅱ　「非力」の否認

技術への適応主義が完成の域に達するということは、テクニカル・ナレッジ、つまり「技術知」が形而上学になりおおせるということである。技術というあきらかに形而下的なものが、それに従わざるをえない定言として機能しはじめるわけだ。一九三〇年代、ヤスパースやハイデッガーのように、技術が社会を支配することを鋭く批判するインテレクチュアルが輩出した。それは同時に、全体主義による社会の計画的編成にたいする批判でもあった。そして、その批判の根拠は、マイケル・オークショット[★34]にならっていうと、人々の「生」の実践からもたらされるプラクティカル・ナレッジつまり「実際知」に求められていた。だが、技術の支配が完了したかにみえる一九五〇年の半ばあたりからは、技術主義への批判が急速に退潮していくのである。

それは、ダニエル・ベル[★35]の「イデオロギーの終焉《しゅうえん》」という時代認識と揆《き》を一《いつ》にしている。それは大衆社会批判が時代遅れであることをいわんとするものである。それゆえ、「技術的装置と大衆とは互いに相手を作り出した」（ヤスパース）のである以上、技術主義批判もまた退けられたのである。そして、技術が社会に及ぼす効果についての機能主義的な分析が優先させられることになった。それにつれて、大衆論のような、人間についての総体的な把握もまた拒絶された。そのかわりに、人間は多機能を担《にな》うものとして、また社会の構造も技術の多機能に合わせて階層化されるものとして、とらえられるようになった。つまり、技術の支配に適合するように観念の仕組が改編されたのである。ここに技術の形而上学化が完成した。

十八世紀の啓蒙思想によって開始された技術の形而上学化は二世紀間をかけて、みずからへの批判を大衆の支援によって排撃した。逆にいうと、技術の形而上学化の秘訣は啓蒙思想のうちに貯蔵されていた、ということである。一言でいえば、啓蒙思想とは、人間の理性におけるパーフェクティビリティ（完成可能性）を信じることにある。だから、理性の具体化にほかならぬ技術の発展がその可能性の実現だとみなされる。そのような人間観と技術観の下にあっては、技術主義への批判が息絶えるのは当然といわなければならない。

パーフェクティビリティの観念は、「生」にたいする解釈としては、人間の「非力」を根本から否認することである。技術の平面においては、いかなる問題も、いずれ解決することの可能なものとみなされる。外面的な危険と内面的な矛盾のなかで、おのれの非力を自覚するというような精神の回路は、十八世紀のであれ今世紀のであれ、啓蒙思想には準備されていない。人間の知性と徳性における完成化を確信しているものが、人間とその社会に真剣な問いを投げかけるわけもない。しかもその確信たるや、自己への信念というよりも、技術の成果にかんする先験的な信仰だというのだから、そこにはそもそも「問い」

の可能性というものがないのである。

たとえば、自由と秩序の関係について考えてみよう。自由は秩序に傷をつけ、秩序は自由を抑えつける、それが一般的可能性である。そこで自由のみを追い求めれば、かならずや放縦《ほうじゅう》の状態がもたらされる。また、秩序のみを実現しようとすると、間違いなく抑圧の状態がやってくる。自由と秩序のあいだのバランスが問題なのだが、それら矛盾をはらむもののあいだの平衡《へいこう》の支点は「技術知」だけによっては示されえない。状況の全体と、そこにおける行動主体の力量とについて判断するには、「実際知」がどうしても必要になる。さてそこで、明示されざるものとしての実際知をどれだけ持っているのか、またその実際知をどれほど有効に発揮しうるのか、という「問い」を自分自身に向けて発せざるをえなくなる。

またたとえば、勇気と節度の関係について考えてみよう。勇気の過剰は野蛮に堕《お》ち、節度の過大は臆病にはまる。勇気と節度をいかに平衡させるか、それは生の全経験にもとづく実際知によってかろうじて判断できる事柄である。ましてや、その選択が自死を決行するか自然死を待つかというような限界状態におけるものであったときには、その実際知にかかる負荷《ふか》は計り知れぬくらいに大きくなるかもしれない。極端な場合には、生き延びるためには勇気を発揮しなければならないのだが、真の勇気は死を覚悟することであるという状態に誘い込まれる。つまり、生き延びることを断念しなければ生き延びられない、という二律背反の状態だって起こりうるのである。

　いくつかの選択肢が自分の前に同等の重みを持って立ち現れるとき、人間はおのれの非力を認めるほかない。そして非力と知りつつ何らかの決断をなさねばならぬ場合でも、人間はみずからの選択に、それが「劣」ではなく「優」に属しているということにかんする、証しを求める。そう構えざるをえないのが人間の条件である。そこで現れるのが、というより探し求められるのが、ハイデッガーもヤスパースも指摘しているように、「良心」というものなのだ。その意味で、人間は「良心に従ってより良く生きる」ことを好んでしまう、あるいは好むと好まざるとにかかわらずそう欲してしまう、不思議な動物だといってよいであろう。「価値」にのみ本来的な関心を持つ、それが人間というものなのである。技術的には選択不能であっても実際的な選択をなさねばならない場合、という意味での限界状態に人間は入りうる。かつて限界状態に入ったことがあるのを想起し、また新たに限界状況に入るかもしれないと予期している、人間とは本来的に、そのように構える動物なのだ。

　だが、良心の呼び声が本当に聞こえてくるのであろうか。あっさりいって、聞こえてきそうな気がしたものの、真剣に耳を傾けてみたら、それはどうやら幻聴であったような気がする、それが良心をめぐる心理の動きというものであろう。その意味で、良心もまた「無」なのだ。しかしそこで人間精神の偉大な逆転が起こる。それはいわば「良心への決意」である。限界状態でなす自分の決意の深さについて十分なる自己了解が成り立つなら、それが良心に繋《つな》がっていることの証しであろうと期待することである。だがやはり良心が何ものであるかを示すことはできない。それゆえ、「良心への決意」はおおよそ沈黙のなかで行われるほかないのである。

また、限界状態は偶然にしか生じないと思うのは間違っている。すでにみたように、自分の一切の可能性がそこで終了する「死」に直面するとき、あるいは死のことを切実に想像するとき、人間はおのれが全体的存在であると知る、少なくとも、複数の選択肢の前に立っているのが人間の生であると了解する。そして人間の生はつねに、「死」という名の終了へと至る未了のものであると理解する。したがって「生」は「死」の必然性のおかげで全体的な性格を帯びる。だから、非力な自分が全体的に生きざるをえないというのは、すでにしてその人が限界状態にあるということなのだ。

技術主義が人間の精神にもたらした最大の罪科は、「死」の観念を個人の意識および社会の制度から放逐《ほうちく》したことであろう。医療をはじめとする様々な福祉の体制が、近年では遺伝子の組み換えということまで含めて、人間から「メメント・モリ（死を想え）」の意識と行動を遠ざけてしまった。もちろん、「不死」は物理的には今も夢物語である。私のいいたいのは、「不死」の可能性へ向けて技術が進歩しているという想念が人間からメメント・モリの観念を奪いとるということである。しかもそれは公然たるエゴイズムの下に欲せられている進歩なのだ。つまり、現在世代の延命は、少なくとも自然的環境条件の有限性を認めるかぎり、将来世代の短命化をもたらすことを承知で、技術の進歩が追求されている。

そうはいっても、これは現状にたいする接線の向かう先がどこにあるかということであるにすぎない。現状の推移は、今でも、メメント・モリの精神によって生の現実のほうに湾曲《わんきょく》させられている。つまり、人々は「死」を完全に忘却しているわけではないのである。しかし、近代が、とくに戦後日本が、この接線に沿う形で動いてきたことは否定できない。

なぜ平和「主義」がかくも礼賛されてきたか。それは、平和ならば命を維持しやすくなり、そして「死」の到来を遅らせることができるからである。なぜ命がこうまで大事とされるのか。それは、命さえ保証されれば、人間のパーフェクティビリティが花開くとみなされているからである。未来の人間とてパーフェクティブルなのだから、現在の人間は早めに消えて未来のそれに期待をかければよいではないかとひやかしても無駄である。彼らが民主主義を標榜するときの「民」は、過去と未来を見渡すものとしての歴史的な「国民」ではない。その主権者としての定義上、パーフェクトたるべきは単なる「人民」のことだとみなされる。人民は、自分らの完成可能性が過去の遺制によって妨げられているとグリーヴァンス（不平不満）を述べ立てている。それは今や、エドマンド・バーク[★36]がフランス革命について見抜いたように、社会を崩壊させるほどの水準に達している。過去をそれほどに侮蔑する人民が未来に何事かを継承させようなどと気遣いするはずはないのである。

主権者は、これまた定義上、自己の非力をけっして承認しないものである。そう思うのは、それ自体、ヴァーチュ（徳性）の支えたる精神のヴィルトゥ（力強さ）を失っていることではないのか、という自己への問いは、主権者を自称するものたちにあってはタブーである。かくして、「死」を前にしての非力の自覚、という良心および決意の精神的源泉が現代人にあって涸《か》れ尽そうとしているわけだ。

Ⅲ　視界の狭窄

「死」はその人からすべてを奪う。生理の運動、気分の流れ、思い出の連綿、理屈の組み立て、想像の揺れ動き、そうしたもの一切が死とともに、一瞬にして途絶《とだ》える。もちろん、その不安に脅《おび》えて「ソリプシズム（唯我論、つまりこの世に存在するのは自我のみであるとする説）」にはまるのは愚かきわまりない。なぜなら、自己において生じる生理から想像に至る現象は、なべて吾《われ》独りの因果の時空で生じたものでないからだ。それを知りうるくらいには人間は利口である。それゆえ吾の言動にまつわるすべての意味が、吾が死んだあとも、少なくとも可能性としては、後生《こうせい》によって解釈されるであろう、そのかぎりにおいて吾の「生」の意味は死に絶えるとは限らない、と人間は察してもいる。

　しかし吾の意味は残っても、吾の「生活」は「死」とともに終わる。「死」を前にして人間は、吾における生き活きとした動作が終止を迎え、吾が無機物の塊《かたまり》に変じていくのを予期するであろう。そのようなものとしての「死」の到来において、人間はアンリ・ベルグソン[★37]のいう「エラン・ヴィタール（生の躍動）」が実に全体的な性格のものであったことを理解する。つまり全体的なものとしての客観の世界が自己の主観にも内在していたと知るのである。いいかえれば自己の内部と外部が相同であったことを、思い知る。そうなるのが人間に本来の在り方である。

　逆にいうと、死の想念や観念が生活の外へと排除されていく現代にあっては、エラン・ヴィタールそのものが「死」の相貌を帯びるということだ。つまり、生きながらにして腐っている、といいたくなるような生活を我らは送っており、それゆえに我らは「死」にたいしてますます鈍感でいることができるという具合になっている。そしてそのような生の腐敗は、現代において我らが専門人にしかなりえないということの当然の帰結である。専門人とは、ここでは、かならずしも職業上の分類のことではない。自分がいま携《たずさ》わっている事柄がその外部の世界といかなるかかわりにあるかについて無頓着を決め込む人間、それが私のいう専門人である。だから当然、専門主義的な知識人のみならず、単なるサラリーマンや単なる主婦もまた専門人であるということになる。「死」から遠退くことによって人は専門のなかに頽落《たいらく》し、また、専門への頽落が「死」からの距離をさらに大きくする。この相乗作用によって「生」の全体性にたいする気遣いが失われていくのである。

逆説的なことだが、外部世界の全体にたいして、専門人はきわめて全体主義的な解釈をほどこして事足れりとしている。なぜなら、ある専門領域はあくまで全体世界のなかに配置されているからである。全体世界にたいする解釈が与えられていなければ、当該の専門領域の意味づけもまた不明になってしまう。その全体的解釈を専門人はおのれの直観や経験や思索から導きはしない。典型的には、世論《せろん》のような、つまりフランシス・ベーコン★38のいった「市場《いちば》のイドラ」、つまり流行の見解のようなものによって全体的解釈が与えられるとするのである。

ここで「専門領域」というのは「限定された対象」ということではない。実は「専門知」に対応するような限定された対象といった類のものはないのである。たとえば「経済学は経済現象を扱う」という言い方すら、厳密にいえば正しくない。通常、「経済現象」とよばれている、たとえば貨幣的な現象は、そのうちに権力にまつわる政治現象、役割にかかわる社会現象そして配置をめぐる文化現象を内包している。だから専門知は、対象を特定のアスペクト、つまり「側面」からみることによって成り立つのである。その側面が他の諸側面とどう関係しているかについての解釈を、たとえ暗黙にせよ、専門知は必要とするわけだ。

その全体的たらざるをえない解釈を（「世論」のような）画一的で皮相的な代物《しろもの》に委《ゆだ》ねるのが専門人の流儀だといってよい。たとえばある種の主婦は、小市民的な社会秩序のなかに自分の家庭がすっぽりと収まっている、また収まるべきものでもある、と構えて主婦業に取り組んでいる。サラリーマンは既成の産業秩序のなかで任務を果たすことにいささかも疑いを挟まない。学者も所与《しょよ》の認識の範型《はんけい》のなかに安らいでいる。少なくともそのように思いなすことによって彼らの精神が平静を保ちえているのである。

全体にかんする全体主義的な解釈に順応するというのは、一種の消極的ニヒリズムである。なぜなら、全体について鋭く感受したり深く体験したり包括的に思考したりする努力にたいして、あらかじめ、興味を断ったり、無効を宣《せん》したり、無能を認めたりしているからだ。しかし、そうした自己への虚無感だけでは専門人としての暮らしが成り立たない。そこで、虚無の対極たる軽信の態度を、あからさまにせよひそかにせよ受け入れて、「市場のイドラ」に自分を売り渡すのである。——ついでに触れておくと、「市場のイドラ」とともに、「種属のイドラ」（人類の迷信のような、人々に広くいきわたっている幻影）、「洞窟のイドラ」（個人の偏見のような、せせこましい幻影）そして「劇場のイドラ」（学者の学説のような、制度として確立された幻影）なども軽信されたままである——。

全体的解釈について虚無と軽信をないまぜにする態度は人間の生を惰弱かつ浮薄なものにせずにはいない。というのも、世論が「市場のイドラ」とよばれるのは、その幻影が市場の噂話のように頼り甲斐のないものだからである。それが輿論《よろん》であったなら、そこにはあらゆる認識の台座（つまり輿《こし》）となるべき歴史の英知が含まれているとみなされる。しかし世論は、すでにみたように、「好奇心にもとづく曖昧な空話《くうわ》」の域を出るものではない。そんなものに全体的解釈をあずけたまま、局所の側面についてのみ職務体験を積み重ねたり分析作業を繰り返したりするのは、しょせん、世論のサポーターとしての振る舞いにすぎない。

ただし、専門人のうちにも、対象の他の諸側面にたいして否応もなく、かかわってしまうものがいる。植木職人のことを例にとれば、植物の枝葉にたいする剪定《せんてい》の技術だけではなく、肥料にも地質にも、天候にも美観にもといったふうに、総合的な解釈をほどこしていかなければならない。職人にあっては、扱う対象において諸側面があまりにも緊密に結びついているため、特定の側面を対象から分離させることが困難になる。つまり、みずからが対象の全体的解釈を手掛けなければならなくなる。したがって「市場のイドラ」に振り回される危険が小さくなるのである。

職人の撲滅《ぼくめつ》とでもいうべき事態が進行したのは、学問において、より広くいえば知識それ自体が解釈の対象となる社会科学や人文思想の分野においてである。その場合、「劇場のイドラ」（学説《ディシプリン》をはじめとする知的訓練《ディシプリン》の開陳による幻影）が作用するので、専門人は自分の従事する側面をフィクション（作り事）として拵《こしら》えることができる。つまり、知識の独り歩きが可能になり、その手を引いたり足に縋《すが》ったりするのが専門人だということになってしまう。そこで専門人は、みずからの扱う知識がどこを歩いているのか、平野なのか山岳なのか、民主社会なのか専制社会なのか、といった判断を「市場のイドラ」によって教えてもらう。あとはその教示に従って、知識の歩行ぶりを定めればよいというわけだ。

実際、このような専門人が家庭や学校、職場や地域そして国家や世界に溢れ出したからこそ、世論なるものが近代および現代の揺るぎない王座に就《つ》いたのである。残るのは、世論という「市場のイドラ」を操作しているのは誰かという問題だけとなる。教育や情報のマスメディアがそれを操作しているというのは十分な説明ではない。マスメディアは流行しうる意見や態度をしか供給しようとはしない。そして、流行を創るためには、それを需要するものをして躊躇《ちゅうちょ》させるようでは駄目である。需要者が少しも立ち止まらず、いささかも内省することなしに、たちどころに飛びつけるような言説、そういうものが流行するのである。

つまり、人々のみずからへの、そしてみずからのかかわる世界への「問い」を巧みに封じ込んだり回避したりできる言説だけが「世論」となる。そういう無敵を誇る欺瞞《ぎまん》の言説が現にあるのである。そんなことは、「自由・平等・友愛」という、少なくともその五割は欺瞞であるような、近代主義的価値の三幅対が二百年のあいだ健在であったことをみれば明らかである。視野狭窄《きょうさく》に陥った専門人の巨大な群れが、一塊となって、世論という巨大な近代主義的精神のスクリーンに巨大な影絵となって映っている。それをみて、それら矮小《わいしょう》な専門人たちが自分らを巨人と見間違えているのである。かくして現代のニヒリストは、自分のもの以外のすべての意見に虚無を感じた挙句《あげく》、「世論」という虚無のなかに自分の姿を見出しているのだ。

Ⅳ　決意の挫折

専門人たる世人《せじん》・大衆には決意をなす能力が欠けている。専門人は、自己の非力を理解することはできないものの、だからといって、自分の知識が「専門知」にすぎないことを知らぬわけではない。彼が専門知の枠のなかに安穏としておれるのは――自分の非力に悩まないでおれるのは――その専門知が（世論や科学主義のような偽装された）「総合知」に連なっていると思っているからである。そう思っているかぎりにおいて専門人は、非力どころか、自分は万能に近いのだと誇ってみせることすらできる。つまり、自分の専門知には、「総合知」からのいかなる要請にたいしても一定の貢献をなしうる力量がある、と自覚できるというわけだ。

自分を非力だと思わぬものは、決意の必要を感じない。彼がなすのは自分の力量を周囲からの要求に従って表明することだけである。そこにおける選択は本質において技術的なものである。不確実な未来を前にして、完全に技術的な選択などありえようがない。しかし、それがあるかのように意識してしまうというのは大いにありうる。未来がすべて確率として計算されうるとみなしてしまえば、「不確実性」もまた技術の次元に包摂《ほうせつ》されることになるからだ。

人間にとっての本格的な決意は、すでにみたように、技術的には選択不能な状態のなかで心理的葛藤を平衡《へいこう》させる、という形をとる。その種の平衡感覚は「技術知」ではなく「実際知」のなかにこそある。非力な人間にとって平衡はいかにすれば可能かということであるが、それも、先に触れたように、「良心への決意」として可能になると思われる。ここで言及しておきたいのは「良心への決意」なるものの少しく詳細な中味についてである。良心の声は、考え直せば幻聴であったかと懐疑される体《てい》のものにすぎない。人間は、最後に、ディシジョニズム、つまり「決断主義」に賭《か》け、状況の推移につれて変移するおのれの気分に任せて、「俺はこれを決意する」と自他に宣言する。そのとき、限界状況における主観の密度の言い様のない濃さのために、その決意が良心によって率《ひき》いられたものに違いないという納得を当人にもたらしてくれるのであろう。というのが、これまでの「良心への決意」にかんする私の解釈であった。

しかし、限界状況において良心からの招きや良心への賭けが生まれるであろうと期待するハイデッガーやヤスパースの見方は、キリスト教的な人間解釈にいかにも偏倚《へんい》している。

その見方のほかに決意の何たるかをうまく説明する仕方はあるまいと思われはするものの、その結論に至り着く前に、もう少し媒介項が必要ではないのか。そうでないと私のような仏教徒には、より率直にいうと私のような無信心者にとっては、良心という言葉が宙に浮いてしまう。実際、「良心」という言葉がすでに死語と化しつつあるのが現代なのであってみれば、それを甦らせるための手立てが必要と思われる。いってみれば、良心について気遣いをなすに当たっての方法論は何かということである。

次のように考えることは、経験的にも論理的にも、さして不都合ではないのではないか。「良心からの呼び声」および「良心への決意」にかかわる気遣いが、歴史上、数限りなく堆積してきた。そして、どういう気遣いがいかなる状況の下で成功したり失敗したりするものであるかについての判断力が、「伝統」とでもよぶべき国民の精神のなかに、蓄積されている。だから、その歴史的な精神の蓄積に気分、体験そして思索を通じて触れることができるなら、良心をめぐる人間の生の出来事がいかなる結構《けっこう》にあるかを理解することができる。それが決意についての実際知である。

「決意の理解」は、いかにすれば「決意の実行」へと結びつくであろうか。人間は「理想」とでもよぶべきものによって方向づけられなければ、またそれによって意志力を喚起されなければ、決意が実践レベルに移されるはずもない。逆にいうと、「理想」を掲げることが必要だということが（良くできた）実際知には示されているにちがいないのである。

決意にかかわる実際知をいかに理解するか、それは究極的には当人の組み立てる仮説であり、またその実際知に含まれる理想の要素をいかなるものとみなすかも、結局は当人の仮設する価値観である。その「仮言」としての性格が、決意せんと構えているものの心に虚無の風を吹き込みはする。しかし、歴史を媒介していることのおかげで、それは「先験的判断」といわれているものとはよほどに異なっている。消極的ニヒリストは怯懦《きょうだ》だから決意しないのではないし、理想を嫌悪しているから行動を決行しないのでもない。決意にかんする理解力と実行力が伝統の精神（あるいは歴史の英知）から湧き上がってくるものだという人生観と歴史観のあいだの相互応答、その関係を見失ったために彼らは臆病者となり犬儒家《けんじゅか》となるほかないのである。

決意の問題をいわゆる「積極的ニヒリズム」と直結させて、絶望のなかでの妄動にすぎないものに「決意」という美名を被《かぶ》せる、それが決断主義の通弊《つうへい》である。たとえば劇作家の三好十郎《みよしじゅうろう》★39は、「決意」というものを回避するためとしか思われないようなやり方で語られ生きられている「日本製のバレン・ニヒリズム」、つまり「自然主義風な正宗白鳥式な」不毛の虚無主義を批判して、こうした決断主義を支持している。「空虚は、爆発直前にできる真空だ。……生み出す前の清掃……生み出すための盲動……生みかけたものを踏み殺すと同時に、その生みかけた自分をも八つ裂きして果てる〝愚〟……これがニヒリズムだ。……だから、ニヒリズムとは、幼年期における革命的精神の総称である」。

世界で流布されている、いわゆる「積極的ニヒリズム」にかんする説明としては、これでほぼ十分であろう。しかしそれを肯定してかかることは私にはとうていできない。「幼年期における革命的精神」におおよそ則《のっと》って行動してみたことのある私は、早々に、その〝愚〟を生きるのも不毛そのものであるとわかってしまった。歴史から逃走する消極的ニヒリストにせよ、歴史を破壊する積極的ニヒリストにせよ、歴史を、問うことなしに、恐れたり嫌ったりしている。いずれにせよ、そうすることによって自己の拠《よ》って立つ基盤を、みずから見失ったり損傷したりしている。

別種のニヒリストがいそうに思われる。彼は、歴史の大地のうちに自分の足場を築こうと身構えている。それだけでなく、足場なき未来へ向けて突入せんと決意を固めてもいる。なぜそれがニヒリストなのであるか、それはニヒリストと正反対の人間ではないのか、と誰しも反論するであろう。しかしその「歴史」や「決意」への取り組みが、もしそれらの中味が空洞であるとあらかじめ承知された上でなされているのだとしたら、それはそれでニヒリストの所業である。

歴史とは何か、決意とは何か、それらの図をいくら克明な論理で描いていっても、またそこにいくら多彩な経験で色塗りをしていっても、あたかも白色浮出のように、それ以上は形も色も与えられない地が残る。それは人間における時間感覚の神秘さ、そして自己意識の不思議さを思わせるいわば「無」の領域である。時間感覚によって生かされている人間が時間感覚を対象化し切ることはできず、自己が自己に言及し通すことも不可能なのだ。その意味で自己という人間は「無の番人」（ハイデッガー）にすぎず、「ニヒリスト」とよばれても致し方ないのである。

そのように意識の底近くまで降り立ったあとで、「ニヒリズムとは、幼年期における革命的精神の総称である」というのなら、その通りかもしれない。しかしそれは、絶望的な妄動をもって革命的精神とみなす、ということとはまったく異なる。むしろ、そのニヒリズムは（ニーチェ流にいえば）永劫に回帰する何ものかが、その「無」の領域に、「再《リ》び、巡《ヴォ》り《ル》来《ー》た《シ》る《ョ》こ《ン》と」というリヴォルーション（革命）の原義そのままに、あるのではないか、と直覚することだ。

この種の思惟《しい》や思弁《しべん》をはたらかさなければ、「良心からの呼び声」も聞こえず、「良心への決意」も湧いてこない、と私はいいたいのではない。歴史が人々によって当たり前のこととして物語られているなら、慣習が流行によって壊されつつも不易《ふえき》を保ちえているなら、そして伝統が人々の日々の生活のなかでさりげなく確認されているなら、人間は良心の存在を身近に感じることができる、いやそう感じるように生活が編成されているといってよい。

しかし、現実には歴史・慣習・伝統にかんする実際知の息の根をとめるほどに技術知が絡みつき、ひたすらに繁殖を続けている。「専門人」という名の世人・大衆は、その状況を黙認し、さらには歓迎している。彼らは決意の何たるかをすら忘れ、ただただ、技術知の巧拙やその成果の良否についてのみ一喜一憂している。さらには、喜んだり憂えたりすることすらやめて、ほとんど無感動に、新しい技術を吸収して古い技術を排出するという海月《くらげ》めいた運動を繰り返している。そして「技術的革新の無限性」という極度に抽象的なイメージ世界のなかで浮遊しているのである。

★31　林羅山［1583-1657］江戸初期の朱子学者。徳川家康政権の知恵袋となり、学問所などを作った。仏教や老荘思想を排し、朱子学を僧門から自立させた。主従や嫡子制など当時の封建社会の支配関係を自然的なものと捉え、その理論的支柱を作り上げた。主著に『三徳抄』『羅山文集』など。

★32　伊藤仁斎［1627-1705］江戸初期の儒学者（古学派）。朱子学や陽明学など宋の時代の面倒な注釈を排して、直接孔子や孟子の教えに戻ることを主張した。世界を一元的なものと見なし、「仁」を至上のものと考え、その体現であるものに「誠」を置いた。終生在野の儒学者で門弟も数多かった。主著に『論語古義』『孟子古義』など。

★33　本居宣長［1730-1801］江戸中期の国学者。賀茂真淵《かものまぶち》の門下として『古事記』などを研究した。また『源氏物語』の研究から、物語の本質は勧善懲悪などにはなく「もののあわれ」にあるとして、勃興する町人の勢力を背景に、当時の儒教的厳格主義に抗して情緒の意味を復権させた。しかし同時に幕藩体制を維持するイデオローグとしても身を処した。主著に『古事記伝』『玉くしげ』など。

★34　マイケル・オークショット［Michael Joseph Oakeshott 1901-90］イギリスの哲学者・政治学者。イギリスの保守主義を代表する思想家。経験論の立場にたって実際主義的な政治理論を展開し、思想の体系化やイデオロギーに対しては懐疑的だった。主著に『政治における合理主義』『保守的であるということ』『市民状態とはなにか』など。

★35　ダニエル・ベル［Daniel Bell 1919-2011］アメリカの社会学者。マルクス主義など社会変革の政治的イデオロギーに代わって、社会工学に基づく改良によって冷戦時の東西の対立を超える産業社会に入ったという論を主張。また工業社会を脱して知識・サービス業が主流となる社会を想定し、資本主義の文化的矛盾を越える公共性を提示した。主著に『イデオロギーの終焉』『脱工業社会の到来』『資本主義の文化的矛盾』など。

★36　エドマンド・バーク［Edmund Burke 1729-97］イギリスの保守思想家・政治家。フランス革命の急進的な自由主義思想による暴動に危機を感じ、伝統的なるものの破壊を批判した。経験論的思想に基づいて旧態のドグマや法則より慣習的行動がもたらす社会的役割を重んじた。二十世紀になりニーチェやベルグソンの思想に影響を与えた。主著に『崇高と美の観念の起原』『フランス革命の省察』など。

★37　アンリ・ベルグソン［Henri Louis Bergson 1859-1941］フランスの哲学者。唯物論も観念論もともに現実を固定する悟性であるとして批判し、真の現実は「内的直観」や「本能」によるものと説いた。また、真の時間的・歴史的接続を「創造的本性」と名づけ、それを追究する「生の哲学」を主導した。主著に『時間と自由』『物質と記憶』『創造的進化』など。

★38　フランシス・ベーコン［Francis Bacon 1561-1626］イギリスの唯物論哲学者・政治家。スコラ哲学の偏見や独断や慣習からくる「イドラ」を排し、感覚から出発した実験や経験の帰納によってこそ、確実な認識や自然法則に至ることを論証した。デカルトと共に近代哲学の礎を作った。主著に『学問の進歩』『新アトランティス』など。

★39　三好十郎［1902-58］詩人・劇作家。壺井繁治らと「左翼芸術」を創刊し、昭和初期のプロレタリア文学の一翼を担った。劇作にも力を入れたが、次第にマルキシズムに疑問を持ち始め、転向。以後政治を嫌悪し庶民の素朴な姿を描いた。戦後は時流の権威を罵倒し、敗戦によって混乱した人間の姿を追求した。主著に『浮標』『炎の人』『日本および日本人』など。指摘された言説は、戦後日本思想体系3『ニヒリズム』に収録されている。

第二章　欲望について　制御なき機械

I　「欲望機械」へのフェティシズム

ショーペンハウアーの用語を用いていえば、「表象」の論理は、その構造化がどこから始まるのかを示すものとしての、いわば原基的な前提の上に成立する。そしてその原基のさらに奥に「意志」があるのだとしても、それはいわば原基的な欲望にもとづいて運動する。近代の哲学史は、論理がその前で沈黙せざるをえない「物それ自体」とはそも何ものなのかと問うて、「人間にとって根源的な欲望」と答えたのであった。そしてついに、現代のニーチェリアンたちは、たとえば、フェリックス・ガタリ[★40]のようなポストモダニストがその典型であろうが、「欲望機械」という想定に立って現代人の振る舞いと現代社会の在り様を描くことを思いつくに至った。――ここで欲望機械という発想は、まとまった主体とみえる人間の無意識あるいは潜在意識の奥底に、欲望が自然と接合しているという基本条件にもとづいて、とめどなく新しい欲望を産出する様々なメカニズムが存在している、と考えることである――。

欲望機械は、とくに言語・記号にかかわるときには、果てしない「差異化」の運動を惹《ひ》き起こすとされる。あまつさえ、（過去の経験を蓄積するものとしての）「積分的思考」を離れて、（近未来への変化に賭《か》けるものとしての）「微分的思考」、ということすら提唱されている。しかし、積分がなければ、現在は時間軸の上に引かれる曲線分の先端ではなく、単なる点に縮退《しゅくたい》する。そして点への微分係数は無数にあるのであるから、無数の選択肢のなかから、どの差異化を選ぶよう決意するのかと問われてよさそうなものだ。しかし欲望機械という発想から出発するポストモダニストたちは、そんなことは欲望の赴《おもむ》くままに定まるであろうといって憚《はばか》らない。カリカチュアライズしてみれば、「物それ自体」という不可知の代物を弄《いじ》くり回しすぎたせいで、欲望という暗闇に引き摺《ず》り込まれたといったところである。

たしかに人間は何事かを選択せんと意欲している。生物も、「本能」とよばれる遺伝子のプログラムに従って、選択行為を行っている。それどころかあらゆるシステムが、偶然に生じるクリナメン（ずれ）に応じて、新たな運動を起こしている。したがって、それらの選択変化を説明するに際しては、「欲望」という大前提から出発するのが当を得ているようにみえる。またその大前提にはらまれる大いなる起動力にたいして「機械」という形容を与えたくなるのも頷けるところである。

しかし、ひとまず人間の社会を眺めたとき、今の時代の人類は、まさしく機械仕掛けの人形のように、既定の選択をなしつづけている。一言でいえば、その「刺激性」と「伝達性」のゆえに最も流行しやすい欲望を選び採《と》れ、という単純きわまる既成のプログラムの下に我らの欲望機械は動いているかのようである。そこでの欲望は、いささかも不可知ではなく、つねに、流行の明るみによって照らし出された単方向にのみ進んでいる。ベルグソンならば、それに笑いを差し向けずにはいないであろう。なぜなら彼による「笑い」の定義は、「生きいきとした動きがあって欲しいところに、機械におけるような硬直ぶりを示され、そのせいで生じる精神の痙攣《けいれん》」というものだからである。

　ガンサー・ステント★41という生物学者は、欲望が電気的刺激などによって操作され、人間が生物的快楽を増進されることをのみ望むようになるとき、「進歩の終焉《しゅうえん》」がやってくるとみたが、今は、まさしくそういうときであろう。意志の力が今くらい衰えた時代もまたとない。何千年の歴史を振り返れば、多様な選択肢のなかでどれを選択するかを見定めるために、というよりその選択の困難をくぐり抜けるために、価値の基準を探し求めるという営為が繰り返されてきたとわかる。その歴史的努力の蓄積を次々とかなぐり捨ててきたここ二百年の進歩の時代が、今、「進歩の終焉」に帰着しつつある。その顛末《てんまつ》には「笑い」をもって応じるしかないではないか。

　その笑いには諧謔《かいぎゃく》の気分は少しも含まれない。おのれの完成不能性を知りつつ完全を望むときに生じる失態には「ペーソス（哀感）」が籠《こ》もっており、それゆえ、それにたいする笑いへの命名には「ヒューモア（諧謔）」がふさわしい。他方、おのれの完成可能性を信じるがゆえに辿《たど》り着いた愚行には、ましてやそれが愚行であるとわからないような愚鈍さには、せいぜいのところ「ウィット（機知）」をもってからかう以外に手はないのである。いや、もっと素直に、「サタイア（諷刺）」を投げつけられて当然なのが現代人の欲望状態だというべきであろう。というのも、現代人こそが歴史という偉大に諷刺をあびせるという傲慢を犯しているのだから。

その傲慢が現代人をしてニヒリストたらしめている。技術には無限の可能性があると見立てるところまでは、現代の世人《せじん》・大衆も選択への欲望を持ち合わせているといえる。しかし技術がもたらしたたった一つの（刺激的かつ伝達的な）変化にかならず飛びつくというのは、もはや、選択ではない。選択における意志の力が自分にはないのだとわからせられれば、人間は否応もなくニヒリストになる。その証拠に、現代人にあって「責任」の感覚が著《いちじる》しく衰えているではないか。自由意志によって自分は選択していると構えているものだけが、選択の動機や結果について責任を覚える。ありあまる可能性のなかで唯一の現実性を与えられる、それが技術の支配のなかで生きる人間の姿だ。そこにあっては、自由意志の力が極限まで切り下げられているので、「責任感」が育ちようもないのである。

欲望の実現を最大多数に及ぼすという形での「欲望民主主義」が今の時代を席捲《せっけん》している。欲望が至高の地位に登ったのであるから、欲望機械へのフェティシズム（物神崇拝）

が広がるのもむべなるかなではある。しかしその肝心の欲望が、みかけの華々しさとは逆に、疲弊《ひへい》し切っている。そのことを直視せずに欲望礼賛を続けることにより、欲望の疲労がさらに推し進められている。

II　選択能力の減衰

「新情報」あるいは（それを有形化したものとしての）「新技術」の刺激性（または表現性）の正体は何であろうか。それは、既存の価値的尺度では測定することの困難な、また既成の慣習的蓄積からは不連続な、新しい機能を発揮しうるということである。つまり、刺激的な表現を重んじるということそれ自体によって、価値と慣習が崩されていく。あまりにも明らかなのは、この過程が進行していくと、価値と慣習が衰えざるをえず、そのせいで情報、技術の「ニューネス（新奇性）」を識別する基準がなくなっていくということである。極論すると、過去が消え失せて、現在のみが未来の新しさとの比較基準になるということだ。その意味で、欲望における刺激的表現の重視は、人間の視野をごく短期的なものにする。

次に新しい情報・技術の創造にあって、「伝達性」を優位させるとはどういうことなのか。伝達性とは、その機能が誰にでもあからさまに同定できるということにほかならない。

実は、情報・技術そのものが、その意味としての機能が人々にとって同化的かつ顕在的に受け入れられる類の言語活動の産物を、それゆえ伝達性の強いものを、さすのである。この伝達性の強調もまた、まず、慣習の蓄積を破壊する。慣習が、潜在的なものにすぎないとみなされて、その伝達性の低さのゆえに軽視されるわけだ。

そして次に、同じく潜在的なものにすぎない価値の尺度も破壊されていく。つまり有形のものに具現されることの少ない「物の見方」のようなものが、伝達性が膨《ふく》らんでいくにつれ、貧弱になるということである。

このようにして刺激性と伝達性に特化する方向で新しい情報・技術の開発が進むとき、人間は、狭い視野のなかで誰にでも目立つ欲望を肥大化させる。しかしこれは、ありうべき様々な欲望を価値や慣習にもとづいて選別していく能力を減退させるということでもあるのだ。

それもまた文明の一つの形態であろう、などと達観しているわけにはいかない。人間は、ロボットにでもならないかぎり、それ以上は譲れない「価値」、そしてそれ以下には削れない「慣習」の上に生を組み立てているからである。たとえば、新情報がある女に売春を促《うなが》し、新技術がある男に殺人を唆《そそのか》すというような場合、あるいは新情報が男性たちを他国にたいする武力攻撃へと誘い、新技術が女性たちを自分の家庭にたいする自己破壊へと押し出すような場合、人間は過去からもたらされた「伝統的価値」と「慣習的規範」のことを想起せずにはおれない。それらを想起しないものを「狂人」あるいは「変人」とよぶくらいの文化はまだ残されているのではないだろうか。

　また、過去の価値や規範を未来の理想や方針へと変換し、それを他者に伝達することに大きな刺激を感じるという能力も残っているのではないか。そして、その能力を捨てよと新しい情報・技術が迫ってくるとき、そういう新奇さは選択しない、ということについて真剣な考慮を払わずにはおれない、つまり、情報・技術の新奇さにたいして警戒心を抱く、という判断力を現代人は完全に失ったわけではないであろう。

　そうであるかぎり、選択能力の減衰は現代人にとって一個の由々《ゆゆ》しき「問題」として受け止められよう。事実、その問題への解決策として（レトロブームと俗称されているような）過去志向の選択肢が市場で提供されたりもしている。思い返せば、ポストモダニズム（後近代主義）そのものが、とくに芸術方面においては、過去への「レトロスペクト（回顧）」を未来への「プロスペクト（展望）」に投影せんとする企《くわだ》てを多分に含んでいた。つまり「前近代」を「後近代」に繋《つな》げることによって近代主義の暴走に歯止めをかける、それがポストモダニズムの本旨であったのだ。過去を忘却したという意味での時間意識の廃墟、そんなところでは神経症的な想像力しか生まれない。裸の想像に駆られて未来へ突入するのは、「企投《きとう》」というよりも「賭博《とばく》」である。それは「思索《スペキュレーション》なき投機《スペキュレーション》」だとしかいいようがない。

世人・大衆が選択能力を喪失しつつあるのは、ハイデッガーのいう「時熟《じじゅく》」においてディコンストラクション（脱構築）が進行していることの反映だと思われる。時代が時熟するということは、すでにみたように、過去が人々の想起を通じて甦り、未来が人々の予期のなかで到来し、そしてそれら両者の時間意識の相互作用によって現在が生成することにほかならない。もっとわかりやすくいうと、近代における時代意識には、本来ならば、前近代にかんする記憶と後近代にかんする想像とが含まれていなければならないということだ。なるほど、モダン・エイジはそれに特有の（個人的自由と技術的合理を尊ぶ）精神のモデルがありはする。だが、モダニズムの純粋模型によって近代という時代が覆われるなら、それは時代の衰弱である。プレモダニズム（記憶）からもポストモダニズム（想像）からも精神の養分を汲み取ることができずに干凅《ひから》びる。時代が時熟するのは、モダン、プレモダン、そしてポストモダンという三様の時代意識が平衡《へいこう》を保っている場合だけなのだ。

おおよそ、老人の世代は前近代に傾き、青年は後近代に向かい、そして壮年は近代を引き受けるといってよいのであろう。だから、時代が時熟するのは、老・壮・青の三世代の編成するコミュニケーションの場が会話・議論・討論によって活性化されている場合だということになる。そういうものとしての時熟から現代社会はあたうかぎり離れている。離れることを良しとするモダニズムが実際にそういう社会をもたらしてしまったのだ。それゆえポストモダニズムも、とくに言論の方面では、単なるウルトラ・モダニズムにすぎないものになった。そうであればこそ、それらの言説はモダニズムの商業主義に、つまり商品の差異化から利益を得んとする資本主義に、すみやかに接収されていったのである。

ここで、ジャック・デリダ[★42]のいう「ディコンストラクション」に一言の解説を加えておくべきであろう。既存の論理を脱構築する能力も性向も、そもそも人間の精神に、ということはその言語に、秘められている。だが、いったい、どの方向にいかなる速度で脱構築するのかが問題である。それについて選択肢がないというのでは決定論に陥る。簡単な場合でいうと、モダニズムへの脱構築はプレモダニズム（記憶の回復）としてもポストモダニズム（想像の解放）としても可能なのだ。いずれをいかに実現するかはやはり選択さるべき課題である。そしてそれが選択であるからには、そこに選択の基準があるとしなければならない。

元来、脱構築は「反構築」と同じではないはずだ。既成の構築を脱しつづける過程で、またその極限で、実在（真理）といえるほどのものを感得したり把握したりしたいという構築の構えがあればこそ、それは反構築とは、つまり破壊主義とは異なるのである。そのことは、論理の脱構築のためにも論理の構築が必要であるということによって、あらかじめ示唆《しさ》されてもいる。ヴィトゲンシュタインはそれをさして「もしドアの開閉を望むならば、蝶番《ちょうつがい》は固定されていなければならない」といった。つまり選択基準という蝶番が外れていなければ、脱構築というドアの開閉もままならぬということである。

見逃すわけにいかないのは、選択基準が「固定」されているということである。我が国で思想家を名乗るものたちの多くは、ヴィトゲンシュタインがこの意味で保守思想家であることを知ろうとしない。選択基準が固定されているのは、言葉が「ユーセジ（慣習的用法）」を必要としている、ということを意味している。ここでの論述に即していうと、歴史の産物たる価値と慣習から選択基準を導き出すという能力を失うということは、言語の活動力をなくすということにほぼ等しい。事実、現代人の言語能力ははなはだしく減退している。そして、これが欲望機械に身をあずけるわけにはいかない最大の理由となる。言語能力を喪失することが人間の欲望であろうはずがない。言語能力を存分に発揮するのが人間にとっての最高の欲望である、といったほうが適切なくらいである。さすれば、欲望機械なるものの制御棒がメルトダウンしているために、現代人の欲望が情報・技術の新奇さという放射能によって汚染されている、とみてさしつかえないであろう。

Ⅲ　「飽和」の悪感

欲望の選択について人々が気遣《きづか》いをしなくなったについては、「豊かな社会」に特有の原因がかかわっている。それは欲望のサチュレーション、つまり「飽和」ということだ。かつて、経済学あたりでは、ブリス、つまり「至福」とは、欲望が飽和に達した状態のことだと考えられていた。自分たちの社会は本当に豊かなのだろうかなどと人は問うのであるが、本当の豊かさにあっては欲望が飽和している。それゆえ、より多くの欲望実現を求めるという活力はそこで停止する。しかし、おのれの心身に活力が宿ること、それが幸福にとって不可欠の条件ではないだろうか。またその活力には、すでに述べたように、他者なり共同社会なりが欲望実現のために自分を必要とするという場合、その要請に応えるための活力も含まれているのではないのか。そうであるなら、至福にも活力低下という不幸がつきまとうことになる。つまり、「豊かさ」に虚無を覚えるという現代風ニヒリズムが成長してくるわけである。

欲望にかんするアブラハム・マズロー★43の「五段階説」は飽和のことを考える際に邪魔になるであろう。「生理的欲求」、「安全」、「愛情」、「尊敬」そして「自己実現」というふうに欲望が段階的に、ということは下位の欲望が飽和するにつれ、より上位の欲望へと発展していくと彼はみなした。そうみなしておけば、たとえば、飽食の限りを尽くし、全き安全を享受し、家族からの愛情や他者からの尊敬をたっぷりと受けても、自己実現についてはまだ飽和に至っていないといい張ることができるからである。

ところが、それは違うのだ。仮に欲望をこの五種類に分けるとしても、それらは段階的に推移していくものではなく、構造的に互いに連関しつつ欲望というものを成り立たせる五つの要素となっている。たとえば、「生理的欲求」の実現にすら「自己実現」のやり方を反映させ、「安全」の確保をすら他者からの「尊敬」を得られるような形で行い、家族の「愛情」を得ようとして「自己実現」に励む、というふうに人間は生きるのである。

このように欲望というものをとらえるなら、これら五要素が完全な調和に達して欲望の構造が完全に均衡することがある、などとはとうてい考えられない。だから、欲望の飽和について気遣いする必要はないのである。たとえば、自己とは何か、という問いが欲望の全体を不安に陥らせずにはいないのだ。

逆にいうと、マズローにあっては、現代の世人・大衆もそうであるように、欲望がきわめて平板にとらえられているということである。あっさりいうと、飢えから解放され、戦争がなくなり、親に大事にされ、申し分のない社会的地位を獲得し、趣味に遊ぶことができるなら、それで欲望はおおよそ飽和するとみなされている。それでよいのなら、「豊かな社会」では、満足し切った人間がどんどん増えているはずである。しかし現に生じているのは、欲望の飽和とやらにつれて退屈や焦燥といった不満感がつのる、といった事態である。そうであればこそ、ダイエットという新式の飢えを創造したり、新種の犯罪を考察したり、家庭崩壊に精を出したり、悪平等によって社会の位階を崩壊させたり、悪趣味の実演をもって個性の発揚とみなしたりしている。退屈しのぎと苛立ちまぎらしという、けっして上等とはいえない欲望が新たに形成されているわけである。

つまり、「豊かな社会」では、欲望が飽和しているのではなく「欲望観」が限界に達しているのである。自己とは何か、安全とは何か、愛情とは何か、尊敬とは何か、その一つひとつが人間にとっては本来的な問いのはずである。人間にとっては、生理的欲求にたいしてすら、正義のためにハンガーストライキで死を選ぶ人間がいることを思えばすぐわかるように、本来的な問いを発することが可能でもあるし必要でもある。こうした問いこそが欲望を支えているのだ。そういう観点を見失うとき、人間はいわば「事物化された欲望」のなかに頽落《たいらく》する。そしてそのような欲望は、少なくとも大量消費と大衆娯楽を提供しえている「豊かな社会」にあっては、比較的簡単に飽和に近づくのである。

欲望への問いにあって決定的なのは、というよりその問いを促さずにはいないのは、ほとんどすべての欲望が歴史的かつ社会的なるものとしての公共空間において表出されるということである。また、いかなる財も、物理的特性とイメージ特性とから成り立っている。そして後者はかならずや公共空間——そこでは人間たちの共同性のことが問題とされる——で共有される。したがって、財にたいする欲望も公共的イメージの共同消費という性格を持つことになる。自動車の運転を例にとれば、それは、移動における便利さや速さという公共的イメージを他者とともに消費しているのである。

それゆえ欲望への問いは、まず、公共的イメージによって支えられるものとしての共同世界の在り方が十分に納得のいくものでありえているか、という形で発せられる。たとえば、「クルマ社会」とよばれるような公共的イメージの状態にたいして不満足であるならば、自動車の運転を選択したとしても、それを本来的な選択とはみなせないのである。

　この公共的イメージが最も強烈になるのは、物理的特性においても共同消費が要請される場合、つまり経済学でいうところのパブリック・グッズ、つまり「公共財」の場合である。道路や公園に始まり警察や軍隊に至る公共財にたいしては、市場における個人的交換の方式によってはうまく対応できない。公共当局が何らかの形で介入しなければ、公共財を効果的に処理することは不可能である。それゆえ、公共財にかんする欲望への問いは、自分らは納得のできる公共機関と公共政策とを持ちえているか、という形をとる。このように考えてくると、「欲望の飽和」などというのは単なる空話《くうわ》にすぎないとわかるであろう。ボヌウム・スウム、つまり「最高善」を実現している政府とその政策なんぞはあった例《ため》しがないからだ。また、公共当局や公共政策に苦情が申し立てられなかった日など一日とてありはしない。

　欲望の飽和がいえるとしたら、物理的にもイメージとしても、公共性の著しく低い財においてのみである。必需的な食料などのうちにそういうものがあるのかもしれない。たとえば米や野菜などがそうなのかもしれない。しかし食事とて、家庭や社交場といった社会的な、それゆえ何ほどかは公共的な場においてなされるのが本来的な在り方である。いずれにせよ、欲望の飽和などはおおむね錯覚なのである。

　そういう錯覚が罷《まか》り通っているのは、欲望を極度に私的なものととらえているからだと思われる。そしてそれには、現代における市場機構の拡大とそこにおける（マルクスがいうところの）「商品物神」的な精神の発達が関係していると思われる。つまり、市場で買いたいと思った商品を自在に買えるなら、それで欲望が飽和したというわけである。

たしかに、赤裸な貧困があまりみられなくなったからには、先進諸国では「プライヴェイト・ウォンツ（私的欲望）」が充足されつつあるといいたくなるであろう。また、消費者がさらに買いたいと思うであろうような商品を創造すべく企業が日夜奮闘してはいる。それが資本主義的な市場の現実であろう。しかし、そういう新商品が次々に供給されてはいないような場合、そこに、貨幣それ自体および資本それ自体を崇《あが》めるという「マモニズム（拝金主義）」の風潮が広がるのだ。しかしそれは欲望の飽和ということではないのである。それは、一般商品への購入欲の過大充足であり、それゆえの貨幣商品への蓄積欲の異常昂進であるにすぎない。

もし人々の「パブリック・ウォンツ（公的欲望）」における欠乏がはっきりと認識され、その充足へ向けて公共当局が新たな公共政策を展開するということになるなら、市場機構は（公共空間とのかかわりで）新たな位置づけを得るであろう。そこで私的欲望も新たにかき立てられるにちがいない。現代人にあっては、みずからの欲望形成の仕方が私的空間のなかに閉塞《へいそく》させられている。そのせいで、「欲望の飽和」という自己錯覚に陥り、そこで退屈という「消極的ニヒリズム」を味わう。また、その捏造《ねつぞう》された豊かさのなかでの幻想の退屈に苛《さいな》まれて、拝金主義という「積極的ニヒリズム」の道を狂走しはじめる。この欲望における消極的および積極的なニヒリズムは、現代人が自分らの公共性を生活のなかで確認できなくなっていることからくる社会的病理だといってよいのではないだろうか。

Ⅳ　活力の減退

飽和現象はむしろ人々の「社会的欲望」において生じている。ここで「社会的」というのは「公共的」とは異なる意味である。公共的欲望は、人間が共同性の場において個別性をいかに表現していくか、ということにかかわる。それにたいし社会的欲望は、あくまで個別性に執着しつつ、自分が他者といかなる関係にあるかについて配慮するもので、私的欲望の変種といってよい。その典型が（フランシス・フクヤマ[★44]の表現を借りれば）「平等願望」である。そして現代の先進諸国において飽和しつつあるのはこの平等願望においてなのだ。つまり悪平等すらもが進行しているのであり、そのせいで人々の活力が衰えていることは疑いようがないのである。

悪平等をもたらさずにはいないものとしての平等「主義」にあっては、人々の生得的および後天的な能力の発揮が難しくなる。だからそれは人々の活力をかならず阻害する。当然のことだが、平等は無意味だとか、いかなる格差も歓迎さるべきだとか、といいたいのではない。過剰な格差は人々の関係における共同性を破壊し、そこで惹き起こされる社会の不安定性のために人々の活力もまた萎《な》えていく。重要なのは、平等と格差という互いに矛盾する価値のあいだでいかに平衡を保つかということにほかならないのだが、平等主義がその平衡感覚を脅かすのである。

平等感覚が人間の活力を衰えさせているという現状を前にして、F・フクヤマは、（ヘーゲルの「認知を求めての闘い」という考え方に依拠して）「優越願望の必要」を唱えた。社会的認知において他者に優越しようという願望が人々を活性化させるであろうというのである。しかしこれは、「認知」のための公共的基準が樹立されていないならば、単なる弱肉強食の勧《すす》めに終わる。法律が認知のための闘いにとっての基準となるというのは間違いである。法律の本質は「禁止」にあるのであって、禁止条項を遵守《じゅんしゅ》しただけで、社会から「認知」を受けるというわけにはいかない。闘いの成果を評価するに当たってより積極的な基準がなければならず、現状では、それが貨幣的利得の大小や権力的地位の高低ということになっている。それはかならずや優勝劣敗という残酷な結果をもたらす。いうまでもなく、弱肉強食の方式にあって不安定化させられないような社会は皆無に等しい。

この残酷を回避すべく、「友愛」の必要を唱えるものも跡を絶たないが、それも無効であるどころか有害でさえある。フラタニティ、つまり「友愛」は、それと矛盾するエミュレーション、つまり「競い合い」（競合）とのあいだで平衡を保ちえてはじめて意味を持つ。

自由と秩序のあいだの平衡が必要だということについては先に指摘した。合わせていうと、「自由と秩序」、「平等と格差」、そして「友愛と競合」という三様の価値の矛盾における平衡状態、それが活力の基盤だということになる。そしてそれらの平衡こそがパブリック・マインド（公共心）を支える三脚なのだと思われる。

「公共心の融解」とそれゆえの「活力の減退」こそが現代の特徴である。それなのに、「市場の活力」を誉《ほ》めそやし、そうすることによって「グローバル・エコノミー（世界的に均質な経済）」を普及させるのが現代の課題だと世論はいう。実のところ、市場活力なるものは、泡沫《ほうまつ》めいた新情報産業を伴う形でのカジノ・キャピタリズム（賭博資本主義）をしかもたらしていない。つまり（マルクスのいった）「資本物神」の下にひれ伏しているのが我々の姿であるかのようだ。

しかもそのグローバリズムは、経済活動が政治、社会そして文化とのかかわりで営まれている以上は当然のことであるが、経済以外の側面をも均質にしつつある。そしてその均質化のためのグローバル・スタンダード（世界標準）の実態はといえば、「アメリカニズム」、つまり「個人的自由主義と技術的合理主義の抱き合わせ」なのである。つまり、世界はウルトラ・モダニズムへと急速に傾いているのだ。そこで看取されうる活力はといえば、アイザイア・バーリン[★45]のいう「消極的自由」、つまり「一切の規制からの自由を願う自由放任主義」のことなのだ。この類の活力は、たかだか、国際的な資本投機として発揮されるだけのことである。

少々呆《あき》れ返ることなのだが、市場理論には「市場活力」という概念はなきに等しいのだ。そこにあるのは、主として、インセンティヴ、つまり「誘因」の概念である。たとえば低金利の誘因によって投資需要が増えるであろうという仮説にみられるように、所与《しょよ》のものとしてある活力を顕在化させるにはどういう誘因を与えたらよいか、というふうに市場理論は組み立てられている。そしてグローバル・エコノミーの展開が示しているのは、資本投機以外の方面では、市場活力はすっかり衰えているという現実である。だから、たとえばいくら低金利の誘因を与えても投資は増大しない。市場活力が乏しくなっている最中《さなか》に市場活力が礼賛されているというのだから、これは、笑うに笑えない笑劇の顚末だといってさしつかえあるまい。

「公共心の欠如」、それが市場活力を、さらには自由一般の活力を、殺《そ》いでいるのである。エガリテリアニズム、つまり「(社会的)平等主義」を鼓吹《こすい》するに等しい民主「主義」と、ヘドニズム、つまり「(物質的)快楽主義」を至上とするに等しい産業「主義」、それが近代主義の表看板である。そしてそこには公共心の必要が一語も書かれていない。したがって公共心の衰弱は近代に必然の過程といってよい。この事態にたいしてニヒリズムを抱くのもやむをえぬ仕儀ではある。問題は自分たちの抱懐するニヒリズムにどう対処するかということだ。市場活力なり自由競争なりを賛美するのは、積極的ではあるものの、それは破壊的なニヒリズムにすぎない。実際それは、我が国の規制緩和運動に現にみられるように、公共空間とそこにおける公共心とをこれまで以上に猛々《たけだけ》しく破壊している。

　公共空間の再建と公共心の再活性化に、至難と知りつつ、正面から取り組んでみせる、そのためには近代主義への反逆に負けを覚悟で参加する、それが積極的ニヒリズムというものだ。いや、そうした実際行動に着手する前に、あるいはそれと同時並行的に、公共性の倒壊がほかならぬ我らの精神の内部においてなぜ生じたのかを問うてみなければならない。それを問うことが活力ある生き方の第一歩なのだと見定めるべきだ。

　（社会科学の方面にみられがちの）ぼろ切れも同然の思想によって活力を鼓舞してみたとて致し方ないであろう。民主主義も産業主義も「精神的なものの圏外」（ヤコブ・ブルクハルト[★46]）にあるのだと見究めたほうがよいのだ。その精神的なものの根拠に公共心があり、そして公共心が歴史感覚の深みから立ち昇ってくるものであることを闡明《せんめい》する必要がある。「公共心」といい「歴史感覚」といい、その神髄は、実在（真理）についてと同様に、明示的には語りえぬものではあろう。しかしそれらへの問いを継続するなかで、人間は自分自身が、それらのありうべき真っ当な心性や感覚の、住《す》み処《か》であり番人である、と知るに至るのだ。

　中西啓治《なかにしけいじ》[★47]は「ニヒリズムによるニヒリズムの克服」をいい、唐木順三《からきじゅんぞう》[★48]も「ニヒリズムの毒によって〔現代社会の〕毒を制す」といった。その通りだともいえるが、「無」は闘いの旗幟《きし》にされてはならぬものだということは確認しておきたい。それは、むしろ、現代人の頽落にたいする思想的な闘いの果てに漸近《ぜんきん》していくであろうと予感される境地であろう。その思想戦にあって、「無」の概念をいささか手軽に提供しがちな、日本および東洋の思想は大して頼りにならないであろう。たとえば「無」は、今の日本社会を蝕《むしば》んでいる活力の減退という現象を正当化するのにすら用いられうる。ニヒリズムとの闘いは、我々自身の内面に巣喰うニヒリズムの毒を一つひとつ丹念に検査していくという形をとらざるをえない。そうした自己解釈の活力が我々戦後日本人にどれほど残っているか、それにはたしかに疑問符が付されよう。しかし、その活力を率先すべき知識人が、とくに戦後にあって、後衛に回ったどころか、精神的にぼろ切れとなって次々に倒れていく世人・大衆の姿に進歩を見て、拍手を送ってきた。そういう知識人をできるなら始末したいと思う活力は、私にからくも残っているようである。

★40　フェリックス・ガタリ［Félix Guattari 1931-92］フランスの精神分析学者。分裂病の研究によって、精神分析を狭い領域に留めることなく、社会的・政治的場面に接続した。デリダやドゥルーズと共に「ポストモダンの旗手」と呼ばれた。主著に『アンチ・オイディプス』『機械状無意識』など。

★41　ガンサー・ステント［Gunther Siegmund Stent 1924-2008］ドイツに生まれたアメリカの生化学者。最初物理化学を学び、後に生物学に転じた。たんぱく質の研究などからファジー遺伝子の基礎研究を行い、またＤＮＡの複製の方式を考察。その後、神経生理学に転じ、独特な人間学を展開した。主著に『バクテリオ・ファージ』『進歩の終焉』など

★42　ジャック・デリダ［Jacques Derrida 1930–2004］フランスの哲学者。ロゴス（言語）中心主義的な西洋の形而上学は権力の思想であると批判し、その抑圧的な思考を不断に脱構築（ディコンストラクト）する哲学的戦略を旨とする。形而上学が孕む同一性の原理を避ける戦略として「差異」を主張するのは、多様な主義や民族が入り乱れる現代という時代に特徴的な哲学を編み出した。主著に『エクリチュールと差異』『グラマトロジーについて』など

★43　アブラハム・マズロー［Abraham Harold Maslow 1908–70］アメリカの心理学者。現実に適応して生きる在り方や動物学的モデルに疑問を持たない心理学を否定して、新しい人間性を探究し、欲望の段階構造、自己実現のパースペクティブなどを心理学で概念化した。充実した至高体験を自己実現と見るニューサイエンスやトランスパーソナル心理学の祖と見なされている。主著に『動機づけと人格』など。

★44　フランシス・フクヤマ［Francis Fukuyama 1952–　］アメリカの日系人政治学者。ギリシャ文学を学んだが、後に政治学、特にソ連研究を専門とした。国防省体験、ブッシュ（シニア）政権での国務省体験などがある。共産主義国家の崩壊に臨んで、西側の自由民主主義を人類の究極の思想と位置づけた『歴史の終わり』を発表し反響を呼んだ。アメリカ保守派の戦略理論家として注目される。主著に『「信」無くば立たず』など。

★45　アイザイア・バーリン［Isaiah Berlin 1909–97］ラトビア生まれのイギリスの政治哲学者。自由主義の立場から歴史的決定論に対する批判を行い、鋭い現実・言語感覚で現代イギリス政治思想の第一人者として活動した。主著に『カール・マルクス』『歴史的必然性』『自由の二概念』など。

★46　ヤコブ・ブルクハルト［Jakob Burckhardt 1818–97］スイスの歴史家。文化は人間精神の形態学であるとし、芸術は芸術家の歴史ではなく芸術そのものの叙述であるとして、芸術文化史の方法を革新した。ギリシャ・ローマ時代の専門家であり、ニーチェの友人として当代の批評家でもあった。主著に『イタリア・ルネサンスの文化』など。

★47　西谷啓治［1900–90］哲学者。仏教文化を専門とする学者で、西田幾多郎門下の京都学派の一人。戦時中に小林秀雄ら「文学界」グループと共に「近代の超克」の座談会に出席し、大東亜戦争の歴史的意味を追究した。戦後一時期、教職を追放されたが、後に復帰した。主著に『神と絶対無』『ニヒリズム』『根元的主体性の哲学』など。

★48　唐木順三［1904-80］評論家。西田幾多郎の薫陶を受け、当時「芥川の死」に象徴される敗北感を実践理性で超えることを主張した。文芸評論や中世文学の研究に力を入れ、現代批判を主眼に、思想的な文芸評論の独特なスタイルを作り上げた。戦後は進歩主義に逆らい、反近代の論陣をはり、現代を「型」の喪失の時代と捉え、そのニヒリズムを克服しようとした。主著に『現代日本文学序説』『現代史への試み』『中世の文学』『無常』など。

第四章 価値について
絶対なき基準

Ⅰ　「絶対」への無志向と失語症

「ザイン（存在）」と「ゾルレン（当為《とうい》）」の二分法は、少なくとも認識論に詳しくない人々のあいだに小さくない誤解をもたらしてきた。たとえば、「家族を大事にすべきである」という表現は、いわゆる「べき論」として提出されているからには、当為（あるいは価値）に属するとみなされる。これにたいし、「家族を大事にしている」というのは、いわゆる「である論」の形をとっているから、存在（あるいは事実）にかかわるとされる。しかし、「べき論」は事実として存在しつづけてきたのである。それればかりか人間は、価値の事実化にほかならないものとしての「規範」にもとづいて、みずから「べき論」を語ってすらいる。また逆に、事実なるものはそれを観察する「人間の価値」に依存して様々に記述されるという面もある。それどころか人間は、事実の価値化としての「理念」に合うように、みずからの「である論」を紡《つむ》ぎもしてきた。

そしてこの存在と当為のあいだの相互依存を説き明かすべく、たとえば哲学におけるドイツ西南学派は「意味づけ」という媒介項を設けたのであった。つまり、価値と事実の双方を、認識する行為主体が（行為の動機という形で意味づけることによって）繋《つな》ぐ、ということである。この媒介を通じて、「べき論」は、真善美にかかわる一般的な価値の次元とそれらにまつわる（諸個人の）個別的な表現の次元とに分化されることとなった。

このあたりの事情が的確に押さえられていないので、とくに科学を好む知識人や技術に適応する世人《せじん》にあって、価値についてはは明示的に語らないという風習が出来上がってしまった。いや、すでに指摘したように、彼らは多数者の欲望やその集団的表現としての世論《せろん》によって示される価値を文句なしに受け入れ、その方向において事実を（科学において）分析したり事実を（生活において）編成したりしている。そのせいで、「べき論」を語ろうとするものを道学者にすぎぬと一蹴《いっしゅう》するという悪習すらが広がっている。

だがそれも、九割までは、やむをえぬ成り行きであろう。価値も事実も、「意味づけ」の如何《いかん》によって多様な音調と色彩を帯びるのであり、そうとわかれば、「真善美」ははたして一般的なものとして成立するのか、という疑念が生じずにはいないからである。それが相対主義の悪夢だということについてはすでに述べたが、ここで論じたいのは、その悪夢からの覚醒はどこまで可能か、覚醒せんと努めることにどんな意味があるのか、ということについてである。

その問題を解く鍵は、自分および他人たちのなす意味づけの作業を「了解」するのが、そしてせざるをえないのが、人間の宿命だという点にある。了解は言語を通じてなされる。フッサールの（「現象」にかかわる）「本質直観」やベルグソンの（「エラン・ヴィタール」を含む「純粋持続」への）「直観」も、了解においておそらくは決定的なのではあろう。しかし、直観とて言語なしには成立しない。言語を理性の手段とみる「主知主義（科学主義）」にあっては、たしかに、直観は排除される。しかし言語は、とくにその意識下における包括的な「構造」のことを考えれば、（カントのいった）「英知的直観」をも含む。このような広い意味での言語が人間の意味了解を可能に、また人間にたいして意味了解を要求するのである。

言語による了解の作業は、ハイデッガーがいったように、その前提としての「先了解」を必要とする。これは、すでに十八世紀の末、バークによって確認されていた。つまり、「プレスクリプション」の概念である。それによれば、「時間の効果」、つまり持続《デュレーション》の効果としての時効《プレスクリプション》があらゆる認識にとっての指示あるいは処方《プレスクリプション》となるとみなされる。どんな概念《コンセプション》にも、「先概念《プレコンセプション》（つまり先入見）」がなければならず、いかなる判断《ジャッジメント》にも「先判断《プレジュディス》（つまり偏見）」がなければならない。またいうまでもなく、先了解のために「先々了解」が、先々了解のためには「先々々了解」がというふうに、この意味了解の営みはどこまでも——といっても「死」がその営みを切断するではあろうが——遡及《そきゅう》しうる。このヘルメス（旅の神）の生にも似た遡及作業の全体をさして「解釈学的《ハーマニューティック》」とよぶのである。

人間は「ホモ・ヘルメネウティコス（解釈するものとしての人間）」である。「解釈人」は、しかし、ヘルメスのように商売の神にも泥棒の神にもなったりというふうには、自在ではありえない。考えてもみよう、先了解がいくつもあり、それらが互いに葛藤《かっとう》を起こしていれば、解釈の道筋が定まらないではないか。だから、それらのあいだの優劣を判断したり、それらのあいだの連関を探究したりする作業がどうしても必要になる。実際、たった一つの発話にあってすら、無自覚とはいえ、何らかの先了解に立って、いくつかの語彙《ごい》と文法にかんする、何らかの適用法が選び取られている。それが人間の言語というものだ。それのみならず、その発話が状況に適合していたかどうかについて、半ば無意識にせよ、人間は自己言及している。つまりあらゆる言語活動が「了解・解釈」を含んでいるのだ。

その作業はしょせん相対的なものにすぎない、とみなすわけにはいかない。なぜなら、自分の発話が（あるいは学術的論文や政治的提案が）、最悪のものかもしれないとはいわぬまでも、ほかの可能的な発話と等価だというのなら、その特定の発話を選んだことがまったくの無意味と化すからである。人間がこの無意味に堪《た》えることなど、できはしない。仮に堪えられるとしても、「特定」の言葉をなぜ選びうるのかとなると、つまるところ、「自分」がそれを選びたかったから、という理由しか残らなくなるであろう。さてそこで、「自分」はなぜそのように「特定」のものを好んでしまうのかが問題になる。つまり、自分の聞いた親の言葉、自分の習った教師の言葉、自分の耳傾けた友人の言葉、自分の読んだ書物の言葉、それら「自分」の言葉とは葛藤をはらんでいる他者の言葉をどう始末するのか、である。だが、始末をつけたくとも、始末のつけようがあるわけがない。「自分」にのみこだわり、そのせいで自他のかかわりについて了解・解釈をなさないものは、結局、深刻な表現障害者になるほかないであろう。というのも言語表現は、その根本において、自分のものではないからである。

了解・解釈の作業は「絶対」を志向する。その理由は、自分の了解・解釈が相対主義によって四分五裂させられている、という状態に人間は我慢できない、という点にある。語りえぬものという意味で「無」であるもの、それが「絶対」だと予感されていても、それに近づこうと意欲するところにしか、正当な了解も妥当な解釈も組み立てられない。そのことを忘れたために現代人は、ありあまる情報に囲まれながら、言語喪失者も同然になっているのである。

Ⅱ　信望愛の蒸発

聖アウグスティヌスの口振りでギルバート・チェスタトン★49はいった、「信じ難きを信じるからこそ信に意味があり、望み難きを望むがゆえに望《ぼう》に意味があり、愛し難きを愛するがゆえに愛に意味がある」のだと。これは神への信望愛のことであるが、クリスチャンならぬ私としては、それを「絶対」への信望愛と読み替えたい。いずれにせよ、物事を判断するに当たって絶対の基準があると信じ、その到来を望み、それからの愛（教示）を得たいと願う、という心性が現代人の精神のなかから蒸発しているのではないか。かくいう私にあっても、そういう強い心性は絶無である。

あえてキリスト教者めいた言い方をすると、正宗白鳥が（少なくとも死の間際までは）人間が原罪を背負っているとは信じられず、殉教を望むことができず、自分が神から愛されているとも思うことができなかった、というのが私にはよく了解できる。もっというと、「絶対」への信望愛に達したという人々と会うとき、私はそういう心的状態を、嫌いはしないし、羨《うらや》むこともない。ましてや、彼らの言を疑うということなどはしない。なぜなら、信仰という言葉があるからには、それにふさわしい経験もありうるのであろう、と推測してしまうからだ。しかし信仰者と語り合うことは、信仰という言葉がその会話・議論に挟まれる場合、不可能である。それが私の、推理であるのみならず、体験でもある。

しかし、「絶対」を仮設し、それにたいして（何らか「先験的」な先了解を前提した上で）仮説的な解釈をほどこすというのは、認識一般にとって避けるころのできない手立てではないのか。いや、その手立てを意識的に組み立てていなくても、認識者はそうしている。何らかの仮説を展開してみよう、さらには諸仮説の体系としての何らかの理論に依拠してみよう、と決意したことそれ自体が、「絶対」への志向を表わしてしまっているのだ。それが真善美の実在に近づく一歩であると信じた「かのように」思うのでなければ、仮説の創造に取り組めるものではない。そしてどんな言説も、家庭や酒場での言説までもが、つねに仮説の形成なのである。そうである以上、人間の「生」そのものが「絶対」への志向を内包しているとみなければならない。そして、そのことを明確に意識しているかどうかが、認識なり会話なりの出来具合を左右するのである。

ハンス・ファイヒンガー★50のアルス・オブ・フィロゾフィ、つまり「かのようにの哲学」は侮《あなど》れない説得力を持っている。虚無主義をかざして「この世はフィクションだ」と言い立てたいのではない。心理的経験に根差さないような認識はありえず、みずからの経験的基盤を自覚しないような認識は先験主義の歪曲《わいきょく》にはまるであろう。だが、心理的経験とは何かという問いが立てられるやいなや、それへの答えは仮説としてしか語りえないのである。どれほど凄い恋愛の体験であってもいかに酷い戦争の経験であっても、それらについての語りはもはや仮説にすぎない。その意味でならば、一切の認識とその表現は相対的なものでしかありえないのである。

実在への接近である「かのように」組み立てられた仮説は、それ自身への了解・解釈という別の次元での仮説によって、その意味を再吟味される。そしてその別次元の解釈仮説は、いわば、別々次元での別解釈によって再々吟味される。こうした解釈の行程のなかで、当初の「かのように」の仮説が、いくたびも、経験との結びつきから出発したもの、そして経験への回帰が可能なものと了解されつづけるなら、どうなるか。それを真善美にかんするたかだか一つの相対的な説明にすぎぬとみなしうるであろうか。また、それと矛盾する別種の仮説に、つまり別の相対化に取り組むことなどできるであろうか。そのような飛躍をなすには人間は非力すぎる。人間にとっては、フォルシフィケーション（反証）の一向に挙がらぬ仮説は真説に近いものであろう、と納得するほかないのである。

反証の挙がらぬ複数の仮説が、互いに矛盾する形で並存している場合――社会「科学」においてはそういう場合のほうが多い――はどうなるか。実はその場合にこそ相対化の作業と絶対化への志向がともども必要になるのである。諸仮説のあいだの矛盾を解くためには、別次元で新しい仮説を立てる。そしてその新仮説は、矛盾し合う旧《ふる》い諸仮説をみずからの一部となるように組み込みうるものでなければならない。その意味で、包括的でなければならない。わかりやすくいえば、「多」（相対化）を総合するために「一」（絶対）をめざすということだ。

多くの場合、この総合化は数理には馴染《なじ》まず弁証によって推し進められる。というのも、仮説において前提されている概念の再吟味、それが総合化の主たる仕事だからである。いいかえると、この弁証法による総合化は哲学の領域に属する。とはいえこの哲学的な思惟《しい》は、「先」了解をはてしなく求めて論理的にも経験的にも無限遡及する、というふうには進まない。勝れた哲学者にあってすら、総合化の作業を続けるうち、「絶対」の在り方が仄見《ほのみ》えてきたと感じれば、それで作業は打ち止めとなる。語りえぬものを前にしてはもはや語ること能《あた》わず、というわけだ。

同じことが通常の生活者においても生じうる。たとえば、義理と人情が何であるかについて、彼は様々なことを体験し、またそのたびに様々な言説を吐いてきたとしよう。それらを統一的に受け止めたいものだと思いつつ生きてきたとしよう。そのようにみずからの生に真剣に取り組んでいる生活者は、いくつかの条件が整えば、義理と人情というものにかかわる真善美の在り方について了解するであろう。ああそうか、と納得するときがあるに違いない。そのようにして到達した納得は、一つの相対的見解などではない。それが義理人情についての唯一絶対の見方なのだと言い張るのはたしかに奇人の所業であろう。しかしそれを、みずからの生の証しとして語ろうと決意さえすれば、その語りは周囲のものたちからもおおよそ納得されるであろう。またそうであればこそ、人々は相対主義が猖獗《しょうけつ》をきわめている現代にあっても、会話・議論を完全にやめるわけにはいかないのである。

だが、絶対への志向を途方もなく軽蔑してきた、それが現代というものである。その証拠に、「それはあなたの価値観にすぎない」という言い種《ぐさ》が数限りなく吐かれてきたではないか。事が価値観にかかわるなら、何はともあれ相手の言い分を拝聴してみなければなるまい、と構えるのが正気の態度であろう。その程度の正気をすら現代人は確実に失いつつあるのだ。

「諸価値の価値転倒」（ニーチェ）ということの意味を現代人は取り違えたのである。またニーチェは――マルクスもそうだが――価値転倒のことを安易に口にしすぎた。一つに、価値転倒もまた価値への志向であり、また、それを志向するのでなければ既存の諸価値を転倒させることの意味がなくなる。二つに、新たな価値への志向は旧い価値の（破壊ではなく）「転倒」のなかから生まれるのであり、そうと知れば、旧価値にも価値があるとしなければならない。その意味で、維新《リストレーション》は復古《リストレーション》でもある。

現代人がニヒリストになるのは、こうした持続的なるものとしての歴史感覚を失ったせいなのだ。価値観の抜本的改革なんぞを口走ることそれ自体が価値観の堕落である。カタストロフィの数学理論をイメージとして用いれば、それは、価値をとらえるのに必須の概念軸を、一本か二本、投げ捨てたところに発生する幻覚にすぎない。つまり、価値をとらえる概念の次元数を減らせば、元々は平凡な出来事が「破局」であるかのようにみえてくる。たとえば、少々つまらぬ例だが、義理・人情の概念軸を失うと、それを好んでいるものが鼻持ちならぬ反動主義者にみえたり、それを嫌っているものが不気味な新人類にみえたりする。つまり現代のニヒリストは、価値を忘れたというよりも、価値への総合的な解釈を忘れたのである。彼は、本来の価値のたった一つの断片にしがみついている。他者はほかの断片をかき抱いている。だから自他のあいだで価値をめぐる交話ができなくなっている。その交話不能の感覚がニヒリズムを助長しているのである。

Ⅲ　解釈の不能

了解の作業が頓挫《とんざ》するについては、言葉によって言葉を了解するという解釈学的な循環のなかに（ハイデッガーにならっていえば）「正しく入り込む」ことをしなかった、という事情がある。そうしなかったのは、すでに言及したことだが、専門人である。十九世紀の末から二十世紀の初めにかけて、哲学においてはいわゆるリングウィスティック・ターン（言語論的転回）が起こっていた。その転回を専門人たちは疎《うと》んじた。つまり、みずからの拠《よ》って立つ地点もまた言語的に編成されていることに専門人たちは気づこうとはしなかった。それゆえ、みずからの立場に言語的解釈を加えることなど及びもつかなかったのである。

「言語論的転回」とは、哲学の前提をなしている概念的言語に言語論的な解釈をほどこそうとする姿勢のことだ。だから、その転回は言語をめぐる解釈学的循環のうちにある。そこに「正しく入り込む」というのはどういうことか。それは、「無」の相貌をみせるであろう「絶対」を、せめて垣間見《かいまみ》せんとする意志で了解作業を推し進めていくことである。少し控え目にいうと、「絶対」なるものは、人間とその世界にかんする（自分のものを含めて）多様な了解へ「問い」を発しつづけるなかで、その輪郭を開示してくるものなのであろう。つまり、様々に差異化された了解のあいだを同一化させる解釈の構造があると判明してくるなら、その構造が「絶対」の仮象とみえてくるということである。しかし、その解釈構造もまた仮説なのであるから、いくつもの「構造」が考え出されうる。それらを統一的に解釈しうる、より深層の構造は何かと追っていくと、そこには、一にして多なる「無」が待ち構えているのではないかと予感されるようになる。

とりあえず了解とその解釈はそういう道筋を辿《たど》るとして、ここで指摘したいのは次のことだ。とくに前世紀の後半の社会「科学」や人文思想がその了解・解釈の道をまじめに歩んでこなかったことである。いいかえると「言語的転回」は掛け声だけに終わった感が深い。もちろん、科学の統一運動はあるにはあった。だがそれは物理学に偏していたり、(工学的な)情報理論にもとづくシステム論をめざしたりしていた。言語による言語への問いは、たかだか、哲学的な偉人や異才にかんする訓詁《くんこ》学として、あるいは思想表現の修飾として利用されるにとどまった。

それは専門主義が殷盛《いんせい》を誇ったことの結果である。というより専門主義とは、みずからの出発点において、どういう言語によっていかなる前提(公理、公準、仮定)をおいているかを、それらについてどのように了解し解釈しているかを、問わないやり方のことなのだ。たとえば経済学に「合理性の公準」というのがあるが、それに従って、便益と費用の差が最大になるところで個人の離婚や社会の革命が行われる、などと大真面目で主張する経済学者がいる。だが、その経済学者を変人奇人の類として例外視するわけにはいかない。彼のその「業績」にたいしてノーベル経済学賞が与えられたのであるから。

また彼は、インターディシプリナリー、つまり「学際的な接近法」においてもさしたる実績を挙げてはいない。それもそのはず、それぞれのディシプリン（学説）の前提を問い直し、それらをより統一的に連関させようとする解釈学的な構えはそこにみじんもみられない。そうなったのは、すでにみたように、統一的な解釈は「世論」によって示されると専門人たちが思い込んでいるからだ。たとえば、原子力発電所は新設すべきではない、というのが世論ならば、その方向を支持する学問的知識や現場の情報が山ほど集められるというわけだ。それらが繋がっているのは原発反対という世論の実践的目的によってであって、知識や情報にかんする解釈によるのではないのである。

くどくどいう必要もあるまいが、世論のうちに時間の試練に堪えうる不動の解釈がひそかにせよ内蔵されているのなら、学際的接近における専門知への拘泥《こうでい》と解釈の放棄はさほど問題視するに当たらない。しかし、たとえば、昨日まで倒幕であったのが今日は佐幕になる、それが世論というものである。学問的知識が世論のうちに頽落《たいらく》すれば学者は「世人」になり、現場の情報が世論によって操作されれば庶民は「大衆」になる。世論の場において、専門人の知識と大衆人の情報とが連携しているわけだ。そして彼らが死活の勢いで拒否するのは、自分らのそういう在り方に解釈を差し向けられることなのである。

この反解釈的な過程は、産業社会がますます機能分化のシステムを発達させていることのせいで、ほとんど不可避の様相を示してはいる。つまり現代にあって人間は、何らか特定の機能を担う専門人としてしか生きられぬ、と思い込んでいるのだ。しかし、仮に現実がそうだとして、ではいったい誰が、諸機能を統合し、諸専門人を結合しているのであろうか。その統合・結合の役割を担うものを一般にマネジャー（集団の経営者）とよぶのであろうが、現代は、いわゆる経営者革命論が予測したのとは違い、経営者の時代ではないのである。政治家、政府官僚、企業経営者といったようなマネジャーは、一方では経営のマニュアルに順応する専門人であり、他方では世論に右顧左眄《うこさべん》する大衆人にすぎない。経営マニュアルもまた世論の一種なのであるから、現代の支配者は、大衆社会論でいうところのアノニマス・パワー、つまり「匿名の権力」なのである。

この権力の発する命令書が世論であるのだが、その命令に抵抗するのは本当に不可能なのであろうか。実は世論による「日々の命令」（ピカート）は、大衆人（＝専門人）が自分自身に向けて発しているものなのだ。世論に逆らったとて、全体主義的な強権や共同体主義的な抑圧がさほど大きくないところでは、さして制裁は加えられない。少なくとも、逆らい方に少々の工夫をこらしているかぎりにおいて、そうであるし、うまくいけば報賞すらが与えられる。それでは、その程度の権力に人々が屈伏するのはなぜか。それはひとえに、世論への逆らい方を工夫するには自分および社会への了解と解釈が必要になるからにほかならない。

了解・解釈という（言語的動物としての）人間にとっての本来的欲望であるはずのものが何ゆえ苦痛なり面倒なりの種とみなされるのであろうか。その最大の理由は、了解・解釈の能力は機能的なマニュアルによっては養成されえないという点にある。了解・解釈は、言語の多面的かつ可変的な意味を状況の脈絡のなかで秩序立てる作業である。それは、一つに他者と共有する「場所」において、二つに持続する「期間」において、形成されるほかない能力であるのだ。

かつてはそういう空間と時間が、家族や学校そして地域や職場などで何とか保持されていた。そこでは庶民が日常言語によって、知識人は人工言語を交えて（というより日常言語の本質を汲み取った人工言語を用いて）、了解・解釈の訓練を行っていた。そういう場所と期間を、近現代の民主主義と産業主義が破壊してきたことは否めない。前者は平等主義を押し出すことによって、後者は技術主義を振り回すことによって、了解・解釈のための時と所とを破砕してきた。そうなのだと自覚しさえすれば、その「時と所」を回復するのはさして困難ではないと思われる。なぜなら、人間の本性は「解釈人」であるから、「時と所」を取り戻す潜勢力がもともと人間にはあるはずなのだから。

それでは、この潜在能力が発現しないばかりか衰弱していくのはなぜか。それは、おそらく、「世界の解釈ではなく世界の変革を」（マルクス）と訴えつづけてきた近代主義のせいなのだ。近代主義は了解・解釈の言葉を甚《はなは》だしく貶価《へんか》させ、変革のためのいわゆる「実践」を著《いちじる》しく称揚したが、そこには人間の「生」への大きな誤解があったのである。「生」はそのすべての位相において実践なのだ。そして実践には、了解の実践、日常の実践そして（他者に直接的に影響を与えるという意味での政治的な）決断の実践という三極があるのだが、近代主義はそのうちの一極である「了解」を無謀にも取り外した。あとに残ったのは日常性と決断性のあいだの、きわめて不安定な精神の往復運動である。その運動のなかで疲れ切った現代人は、日常生活や政治的決断に正面から取り組む能力をすら失いつつあるのだ。彼らの消極的ニヒリズムは、私のもそうだといわれるかもしれないが、ともかく、その最低線にまで沈んでいるのである。

Ⅳ　宿命への不感症

非力な人間がまず日常的実践を引き受け、次にその意味をとらえるべく了解的実践をなし、さらにその了解を踏まえて（未来の危険を前にして）決断的実践を行っている。このサイクルをたえず新しい次元へと移動させているのはいうまでもなく「決断」の要素である。そしてこうした自分の生の姿を、その全貌において見渡さなければならない局面がかならずやってくる。というよりそうするのが、自己言及をなすほかない「解釈人」にとっての必然の在り方である。自己言及こそが（了解への了解としての）解釈の精髄だといってよいであろう。だからそれを、ここでは「自己解釈（略して自釈）的実践」とよぼう。このようにして、人間の生は「日常性」「了解性」「決断性」そして「自釈性」の四項から成立するということになるわけである。

自己解釈が「宿命」の相を帯びるのは、この四本の軸からなる精神の立体空間の壁面を上昇していく螺旋《らせん》状の循環が、終局に近づくときである。その終局には、（本質的には同じことだが）二つの場合がある。一つは自分の精神の展開力が限界を迎える場合、もう一つは自分の身体が死に直面する場合である。前者にあっては、自分の精神はかかる軌跡を辿って終わらざるをえなかったのだと了解するという意味で、「宿命」を自覚するであろう――逆にいうと、そこに宿命を感じられなければ、自分の生になおも新たな展開を与えようとするであろう――。後者にあっては、どういう形態の死を選びとるかという決断のなかに、「宿命」を自覚するであろう。すでにみたように、死は、「良心の呼び声」を聞くために「良心への決断」をなすという解きえない心理の矛盾のなかで選ばれる。「いつ、どこで、いかに」自分が死を決断するか、それは表現を絶した心理を含んでいるので、死の選択には「宿命」の形容を与えてさしつかえないのである。

人間が了解の作業をなおざりにするのは、ましてや自己解釈のそれに怠慢を決め込むのは、宿命の感覚を自分の生から追い払うに等しい。暢気《のんき》な人間は次のように考えるであろう。宿命の感覚が強ければ、自分の生のコースは宿命としてすでに決まっているのであるから、選択の意志が衰えるであろうと。しかし、これはまったく逆なのだ。宿命の感覚が弱い者は、日常性の次元にあっては暮らしの仕組に順応し、決断性の次元にあっては、技術の仕組にかんする効率計算として決定を下すだけのこととなるのである。

自分の宿命について敏感な者は、その宿命をどのように表現するかについて無関心でおれない。おのれの生の全重量を賭《と》した文字通りの決断、それが死の選択なのだと彼は察知している。しかも彼は、そのような死活をかけた選択問題が自分において発生するように、自分の生を追い込んでいくのだ。その意味で、自然死は彼の選択肢には入っていない。いや、結果として自然死を迎えるということもあるのだが、正確にいえば、自分の生が自然死への一本道に入ったところで彼はすでに死んでいるということになる。つまり、自死という選択肢が実際的に考えられなくなった段階で、彼は、先に述べた前者の場合（精神の展開力を失った場合）の宿命観へと入っていく。いや、さらに正確にいうと、彼はその自然死を引き延ばされた自殺に仕立てていくのである。

このようにいうと、死の意識がいかにも私的な心理のなかで空回りしているかのように聞こえよう。しかし、自分の宿命について鋭く感受する者は、「時代」の運命についても敏感たらざるをえない。というのは自分の人格は何ほどかは公共的なものだからである。それゆえ公共性を有した集団——それは家族に始まり国家に至り、さらには国際社会もそれに含まれうる――が死活の危険に遭遇することにたいしても、彼は我が事のように感応するであろう。そしてそれら諸集団の相互依存（および相互反発）の関係が「時代」を構成するのであるから、その帰結として彼は、時代の運命と自分の宿命とが互いに間近にあると判断することになる。

しかし（自分の）宿命と（時代の）運命とは、妙な言い方だが、それぞれ逆さになった形で相手に手を差し伸べているのだ。人間は、死が自分のものであり、そうでしかないため、自分を信じたい、自分の可能性を望みたい、自分を愛したい、と「願望」している。しかし、自己解釈をなすということは、それが願望にすぎないとわかることでもある。つまり、自分はあまりに非力であり、信じ切るに値しないし、望み切るにも愛し切るにも値しない。その「現実」を理解できぬ者が「宿命」を感じるはずがない、と気づいているのである。だから、宿命の感覚は、自己の非力を知ることからくる悲哀の感情を伴わずにはいない。

反対に――公共的な諸集団を「国」に代表させていえば――国の「現実」にたいしては簡単に信望愛を寄せることができるのである。なぜなら、国は――その中心にある言葉の歴史は――自分の「日常性」「了解性」「決断性」そして「自釈性」を成り立たせている基盤だからだ。それを信じ、望み、愛することができなければ、自分の精神の底が抜けてしまう。しかし国に信望愛を寄せたいとは自分は「願望」しない。というのも、国は（その言葉の歴史としては）良心を持つことも死を迎えることも、まずないからである。逆に、良心なき不死体としての国に自己を一体化させたいと願望するのを「国粋主義」という。

このように「願望」や「現実」において、自分と時代が互いに倒立している。しかしそれでもほぼ表裏一体になっているからには、時代の運命のなかで自分の宿命をいかに生きるかというふうに生が組み立てられる。それゆえ、死を予期しての「良心への決断」にあっては、特攻隊員の死がおおよそそうであったように、「自分」の言葉と「時代」の言葉とが、それぞれ最も緊張をはらんだ形において、半面においては強く融合し、他の半面においては激しく衝突する。

少々仰々《ぎょうぎょう》しい説明になってしまったが、言葉がその輝きの絶頂に達するのは――めったにないことだが――個人の宿命と社会の運命がこのように抱き合いつつ切り結ぶときなのだと思われる。もし言葉における「故郷」の感情がそこらあたりに胚胎《はいたい》しているとしても、故郷とは精神の安らぐ場のことではありえない。それは、人間精神の矛盾が渦巻きを呈するに当たっての中心点としての、特異点のようなものだろう。

このような宿命・運命の感覚にたいして現代人が不感症になっていることについては言及する必要はあるまい。自分の宿命や時代の運命について語るのは非合理として一蹴されている。その結果として生じているのは、不死のはずの自分が、あるとき不意に（死の社会的管理機関たる）病院で物体と化し、また国の言葉がいつのまにかグローバルな記号に変じるという事態である。そこでは自分の人格の両面性である個性と国柄がともども、了解されることも解釈されることもなく、腐蝕するに任されている。いや、自己への了解や国家への解釈を徹底させたとて、得られるのは宿命と運命の感覚だけである。その感覚にただ受動しているなら、それは、「なるようにしかならない」といった類の、消極的なニヒリズムの感情をもたらして御仕舞である。それくらいに強く、生はニヒリズムにとりつかれているのだ。

このような生の腐敗を嫌って三島由紀夫は、自分に内発する個性と自分の背負う国柄のことをおおよそ自己解釈しおえたあとで、自裁の道を選んだのだと思われる。「自死」を生における企投《きとう》のプログラムに組み込まないなら、生そのものがニヒリズムの温床となる。そのことは山本常朝《やまもとじょうちょう》★51の『葉隠《はがくれ》』においてすでに指摘されていた。武士道の思想的な核心は、自死を生の展望のなかに包摂《ほうせつ》することによってニヒリズムの根を絶とうとするところにある。「人間的条件の限界内にとどまることを敵視する（神学的な）形而上学から脱け出し、人間的な〝より善く〟の探究を（宗教的な）至高善の名において誹謗《ひぼう》するあの不幸な意識を一掃し、死そのものをではなく死ぬことを定められたすべてのものを虚無だと言い捨てるニヒリズムの遺恨の根を枯《か》らすこと」（モーリス・パンゲ★52）、それが自死の選択である。三島にはその思想の論理が、かなり的確に、とらえられていた。

しかし、だからといって、政治的自決を勧《すす》めるのが私の趣旨ではない。自己の国柄をま（自死を見通しつつ）引き受ける仕方が政治的な形態をとるとは限られないからである。ましてや、政治の全域が大衆民主主義によって腐敗させられている時代にあっては、了解可能な政治的自決の方式を見つけ出すのはきわめて困難である。だから、自分の精神から展開力が消え失せる直前に私的に自死を決行すること、また、その展望の下に生きること、それが現代において最も妥当なニヒリズムへの抵抗なのかもしれない。

しかしそれは、「国」のことを私的な生活の場で確認すべく、自己解釈の努力をより強めなければならなくなるということだ。そんなことをなす余裕が与えられているのは、選ばれた少数者だけであろう。そうしたエリートの第一候補はやはり知識人である。知識人が勝れたものであるための一つの必要条件は、ニヒリズムとの思想戦において自死を最重要の戦略として位置づけることだと思われる。自死をその戦略からはずしても構わないが、それはニヒリズムへの降伏宣言である。そして、降伏後の生は人間にとって本来的なものではありえないであろう。そうでしかないのが大方の人間の生である。しかし現代の知識人は、そうと自覚しつつも文書や発言によって公共空間に登場している。そこで、あろうことか、人間の本来的な在り方について臆面もなく説教したりしている。そういう生き方があっても構わないが、それは「詐話師の営み」とよばれるべきものではないのか。

★49　ギルバート・チェスタトン［Gilbert Keith Chesterton 1874–1936］イギリスの小説家・批評家。詩・小説・批評など多彩に健筆を振るった。ブラウン神父を主人公にした推理小説は有名で、何気ないシーンに潜む重大な意味を、警句や逆説であぶり出す手法を得意とした。と同時に伝統主義者として、近代の合理性に疑惑の目を向けた。主著に『ブラウン神父の無実』『棒大なる針小』『正統とは何か』など。

★50　ハンス・ファイヒンガー［Hans Vaihinger 1852–1933］ドイツの哲学者。カントに戻って観念論を再編成する新実証主義の哲学を主導した。数学や自然科学から道徳・宗教にいたるまで人間の知的な営みを、生活のための有益な虚構であり、真理とは無関係であるというプラグマティズムのような思想を展開した。主著に『かのようにの哲学』など。

★51　山本常朝［1659–1719］江戸時代の武士。佐賀藩の武士で、鍋島光茂《なべしまみつしげ》に仕えた。五十一歳の時に、田代陣基《たしろつらもと》の筆録で『葉隠』が成立した。「武士道と云は、死ぬ事と見付たり」は封建武士の建て前としてモラルの基本となったらしい。戦後に三島由紀夫などが再評価した。

★52　モーリス・パンゲ［Maurice Pinguet 1929–91］フランスの比較文学者。日仏学院の講師などをして長い年月を日本で送り、日仏文化交流を支えた。ギリシャ時代のカトーの腹切り行為から封建武士の割腹や三島由紀夫の自決まで、さまざまなテクストを用いて、日本文化における自死の解明に努めた。主著に『自死の日本史』『テクストとしての日本』など。

第五章 人格について 決意への恐怖

I 成就しない「自分探し」

パーソナリティ、つまり「人格」は、ペルソナ、つまり「仮面」を被《かぶ》ることをさす。そんなことはとうに知悉《ちしつ》されているはずなのに、仮面を脱ぐことこそが人格の形成であり表現であるという錯覚にもとづいて、個人主義なり自由主義が唱えられている。そういういかにも大衆的な愚説を批判する知識人がほとんどいなくなった。このことが前世紀後半からの大衆社会がいかに高度化されたかをよく物語っている。——確認させてもらうが、私のいう大衆とは、「教養と財産」を持たぬ人々のことではないし、「社会的意志決定への主体的参加」を拒《こば》む人々のことでもない。教養とは何か、財産は何のためのものか、社会的意志決定はいかにあるべきか、主体的参加にどのような意味があるか、などという「問い」を発する姿勢を放棄したものがマスマン、つまり「大衆人」なのである——。

ある人の被る仮面は、つねにいかほどか、(他者の仮面との同一性を重んじるという意味で)集団的であり、また(他者の前での演技のためのものという意味で)公共的である。しかしもちろん、その被り方においては、仮面は（自己を差異化させているという意味で）個人的であり、（自己を人前から隠すという意味で）私人的である。人格はこのような四面性を備えており、それゆえ人格の向上というのも、この四面構造における平衡状態《へいこう》のことを抜きにしては考えられないのである。

ところが大衆人は人格において平衡を喪失することにみずからの「個性」を見出し、その個性に従って生きるのが「自由」だと感じている。少なくともそうなのだと思い込んでいる。彼の振る舞い方にあって目立つのは、一方で（個人的にして私人的な）「情動性」を剝《む》き出しにしつつ、他方で（集団的にして公共的な）「定型性」をあらわにする点だ。それはたとえば大衆の「世論《せろん》」をみれば明らかである。世論形成にあずかるマスメディアは、大衆人の情動を煽《あお》るように、しかし大衆の行動を定型化するよう励んでいるのだ。実際、ムーディかつステレオタイプな言辞によって組み立てられていないような世論に出会うのは、ごく稀である。

大衆人が軽んじるのは、一方において（個人的にして公共的な）表現性であり、他方において（集団的にして私人的な）帰属性である。だから彼は、公共的な場で自己の責任において発表するのを差し控え、また自己の所属する団体を必要とあらばいつでも裏切ろうと構えている。わかりやすい例でいうと、大衆人は公的な場所では周囲の集団的な見解に従い、私的な場所では自分の個人的な意見にこだわるということだ。あるいは、人前で自己を表現するものを差し出がましいとして批難し、人に隠れては自己の所属団体への悪口を重ねるのだ。

このようなものとしての大衆人が自分の言動に責任を取るわけがない。責任感とは、自分の自由意志にもとづく行為が公共空間に害を与えた場合、制裁を進んで受けようとする態度のことであろう。大衆人は、公共的には、自分は集団の見解に順応しただけのことだと考えている。だから、大衆人においては、責任は自分ではなく集団が取るべきものだということになる。

それどころか大衆人は自己決定を下せないのである。その意味では彼に自由意志というものはない。彼が自分の自由な意志だと思っているものは、実は放埒《ほうらつ》な情動に心身を委《ゆだ》ねることなのである。個人の意志は公共空間に向けての決意という形をとる。しかし、大衆人は私的空間における情動の高まりとしてのみ、おのれの個人性を確認する。情動はおのれの内面の深みから発すると自分には感じられるからだ。したがって情動にこだわる大衆人は、強固な個人主義を持つようにみえるが、それは「私人主義」と呼び替えるのが適切な種類のものにすぎない。私人に可能なのは、状況にたいして決定を下すことではなく、状況によって（情動を刺激されつつ）自分の行動を決定されることである。

さらに大衆人は自己そのものを見失い、それゆえ「自分探し」が彼にとっての最大の関心事となっている。公の場に出現することのない自分には進むべき目的地がない。同時に、私の場で所属集団への呪詛《じゅそ》と離反を繰り返している自分には戻るべき故郷というものがない。そういう方向喪失に陥っている大衆人にあっては、自分そのものが仮象であり、幻影であるのだ。だから、幻影にすぎないものが自分を探したとて、その探し方そのものが幻影なのだから、彼の「自分探し」はけっして成就しない。というより、大衆人にたいして「彼」という呼び方をすることすら不可能である。「それ」は、一方で集団の定型化された行動様式のうちに埋没し、他方で制御されざる情動の流れのなかに沈没しているからだ。

いうまでもないことだが、大衆人というのは理念型――といっても負の――にすぎず、「それ」がこの世の現実になることはめったにない。とはいうものの、この大衆社会のなかに頽落《たいらく》しつつあるものたちは、大衆人の容貌を確実に強めつつある。そのみごとな見本が（専門人としての）知識人であることについてはすでに述べた。ここでは、大衆人（＝専門人）の「無責任」「決定不能症」そして「自己喪失」について少し立ち入って考察してみよう。

Ⅱ　責任の消失

意志とは人間精神の内面における「志向性」のことだ。しかしそれは何事かへ向かおうとする精神の潜在力であって、それが顕在化させられるには、精神の外面が「動機」によって表象化されなければならない。大衆人はこの志向性（意志）と動機性（表象）の関係においてすでに病理症状を呈している。つまり、意志を内包すべき精神の内面が（情動が流れていることを別とすると）空洞になっているのにたいし、その外面が（主として世論によって指示される）動機によって固く覆われているのである。

このような大衆にたいしてカントのいう「動機責任」（あるいは心情倫理）を問うたとて無駄である。たとえば、戦争放棄を謳《うた》いながら軍隊を容認するという動機上の不始末を犯していると批判されても、大衆人は平然としている。なぜなら、平和は戦い勝ちとるべきものであるといった類の意志が彼には絶無だからである。それゆえ、戦争放棄や戦力保持の動機は、自分の意志を表象化したものではなく、状況の推移や世論の動向に受動的に反応する形で形づくられた動機であるにすぎない。

なるほど、情動としては戦争への恐怖や軍隊への嫌悪といった意志（めいたもの）がないわけではないであろう。しかし情動というものは、一つに矛盾の塊《かたまり》であり、二つに頼りなく流動するものである。いいかえればアムビヴァレンス（両義性）とアムビギュイティ（曖昧性）をたっぷりと伴うのが情動というものである。むろん安定的に持続する情動ならば、そこに論理的な秩序がおのずと生成するであろうと考えられる。しかし、とりわけ「変化」を惹《ひ》き起こすことを旨《むね》としている進歩主義の時代にあって、情動の長期安定は望むべくもない。たとえば、日本の集団運営法は、昨日まで日本的経営の名において礼賛されていたのに、今日は世界標準に反するとして批難されるという有様となる。結局、大衆的精神の内面は、意志の不在とはいわぬまでも、その混乱と衰微によって特徴づけられることになるのである。

大衆人に動機責任がないのは、動機が外面性に注入されたもの、接《つ》ぎ木されたものにすぎないからである。その動機に発する行為が社会に損害を与えたとて、責任を取るべきは、そのような動機を大衆人に与えた（世論のような）社会現象のほうであって、彼自身ではないのだ。その意味で大衆人は、まさにデモクラシー（民衆政治）の主権者にふさわしく、無答責の立場を、つまりいかなる責任も問われない最優先の立場を保証されているのである。

大衆は、大衆社会を作っておきながら、みずからの失態の責任をすべて大衆社会に帰着させる。しかし、これは詭弁《きべん》にすぎない。だが、その詭弁ぶりを暴露する論理的な意志力が大衆にはないのだから、手の打ちようがない。大衆社会は大衆に動機を張りつけ、そしてその動機にもとづく大衆の行為が大衆社会を回転させるのだが、そこに責任の観念が介入する余地がない。同じことだが、おのれの心情を倫理感をもって裁定することも、おのれの倫理に確固たる心情的基盤を与えることも大衆人には無縁な作業である。

これは、世間の価値や規範への順応を促《うなが》すものとしてのいわゆる「恥の文化」とは異なる。「恥の文化」にあっては、「社会」が人々の内面的精神（意志）にまで浸透している。

つまり社会的価値の内面化が行われているわけだ。そして、それを内面化することのない大衆は、いわば恥においてのニヒリストなのであり、それゆえ彼らは「無恥の文化」を作り出さずにはいないのである。大衆はひたすらに今日の世間に迎合《げいごう》しているが、昨日の世間を足蹴《あしげ》にすることには何の痛痒も感じないのだ。

そもそも、動機責任を感じないものが結果責任を、あるいは政治倫理を、感じるわけがないのである。実は、マックス・ウェーバー★53のいった「結果責任」は、原理的には、動機責任に還元されると思われる。たとえば、倫理的に良い動機に発していても悪い結果をもたらす場合がある。しかし悪しき結果はその予測における怠慢や失策のせいだとしか考えられない。そうであるならば、そのような劣等な予測をもたらした行為の動機が問われて然《しか》るべきだということになる。だから、そのような予測（および決定）をなす立場にいたのは自分の責任ではない、と言い逃れるわけにはいかないのである。なぜなら、自分のよりも優等な予測がある可能性、そして自分より勝れた人材がいる可能性を否定できないからだ。そうであるならば、当該者が自分の立場にこだわったことの動機責任が問われることになる。

それでは、悪い動機で良い結果をもたらす場合についてはどのように考えればよいのか。政治家は、「悪魔との契約」という悪い動機に立ってでも良い結果をもたらすのを政治倫理――これを通常は「責任倫理」とよんでいる――とする、というウェーバーの見方に私は同調できない。あえていえばそれは、悪魔との結託を悪とみなしたヒューマニズムの心情倫理、それに欠陥があったのである。卑近な例でいえば、法網をくぐってでも政治資金を捻出《ねんしゅつ》し、それによって良き政治をなすということに動機上の難点はないということである。そして動機にかんする倫理基準を決定的に逸脱するような行為は、そのこと自体が（社会の倫理体系を破壊するという意味で）甚《はなは》だしく悪しき結果なのだ。だから、たとえその行為から良き結果がもたらされたとしても、それを政治倫理・責任倫理の名において肯定するわけにはいかないのである。

現代にあって意志の力がかくも衰えたのは、すでに示唆《しさ》したように、人格における個性と国柄のあいだの平衡が崩れたからである。ここで国柄というのは人々の共有する慣習への同調の態度をさし、個性というのはその慣習から逸脱しようとする態度をさす。そして両者を平衡させうるのは、慣習の本質ともいうべき「伝統（歴史の英知）」である。より正確にいえば、伝統とは何かと探索する姿勢のスタイルそのものである。逆にいうと、伝統の感覚に裏打ちされないような個性は私人主義に傾き、同じく伝統の感覚から切り離されたような国柄への執着は国粋主義（あるいは排外主義）を強化する。私人主義の生き方が責任感にたいして一顧《いっこ》だにしないのは当然である。そして国粋主義のそれは、責任を「国」にあずけて、「一億火の玉（あるいは一億総懺悔《ざんげ》）」といったような情動の流れのなかに責任の問題を溶解させるのだ。

おのれの意志がもたらした行為にたいして責任を持つためには、行為の動機を伝統の感覚に照らして審査しなければならない。したがって伝統の喪失は責任の消失に直結する。レスポンシビリティ（責任）とは伝統にたいしてレスポンス（反応）を示すアビリティ（能力）のことだといって少しも過言ではない。そして、そうした反応能力を失くしたものの人格（個性と国柄の相互関係）は融けて流れていくほかないのである。それが大衆をして巨大なニヒリストの群れにみえさせているのだ。

また、責任をとるのを自由への重荷と感じるのはなぜか。それは、自由意志が情動性によって占拠され、そのせいで価値にかかわる論理性が窒息《ちっそく》させられているからである。もう少し正確にいえば、価値の論理性の基礎たる（長期に安定しているという意味での第一種の情動性の本質としての）「伝統」が衰微し、（短期に変動するという意味での第二種の情動性の現象としての）「雰囲気」が膨満《ぼうまん》している、それが大衆の意志の内実だということだ。ともかく、責任は雰囲気の膨満にとって邪魔になる。そもそも雰囲気は無論理あるいは脱論理のための精神の容器なのであるから、価値の論理なしには成立しえぬものとしての責任感を受け入れる余裕を持たないのである。

次に、責任が（価値の）論理を必要とするとはどういうことか。それは、自分のおいた価値の前提に忠実であろうとするとき、自分の行為を可能にした価値の命題がどのように推論されたものであるかを遡行《そこう》してみなければならないということだ。たとえば、日本

「経済」を繁栄させるべしという前提から出発して、日本的「経営」を破壊すべしという命題を実行したとしよう。そして、実行の結果、日本経済がさらに衰退させられたとしよう。その場合、当事者はその価値命題の推論過程を振り返って、たとえばグローバリズム（アメリカ的な企業運営法の普及を是《ぜ》とする見方）の仮定を挿入したためにその命題が導き出されたことを知る。そしてそのグローバリズムの是認が自分の価値論をめぐる思考の怠慢であり軽率であったことに思い至る。そうであるならば、行為の動機において悖《もと》るところがあったとして責任をとるほかないのである。

それでは、こうした価値の論理性を大衆が、とくにその代表としての専門主義的な知識人が、一向に踏まえないのはなぜか。この場合でいうと、日本的経営の破壊という推論の結果であるはずのものが、推論の前提のうちにすでに含まれているからである。つまり、旧来の日本的なるものを破壊すべしという暗黙の前提があり、そうであればこそグローバリズムが易々《やすやす》と導入されもしたのだ。いいかえると、かかる推論によって行われているのは、日本経済の繁栄という一つの価値前提から日本的経営の破壊というもう一つの価値前提に至るにはどういう論理の組み立てがありうるかという思考実験なのである。そしてそれら両方の価値前提とも世論によって支持されたものであるからには、推論者には責任がないということになる。自分は、ただ、両者を繋《つな》ぐためのありうべき人工の論理を考案してみただけのことだといっておけばよいのだ。

つまり無責任にもそれなりの論理があるということだ。ただしそれは、価値の論理演算にあって、価値の諸要素はすべて与えられているとみなし、そして脱価値的な論理でそれらを結合することである。しかし、無責任にも論理があるという論理家は、価値にかかわる諸要素がなぜ所与《しょよ》であるかについては議論しないのだ。それらが一つに自分の情動に適合し、二つに世論の雰囲気によって肯定されていればそれでよい、というわけである。つまり専門主義とは、軽率な感情家と軽薄な論理家とが同居している精神状態の謂《いい》にほかならない。

Ⅲ　決定の不能

このように自己の行為にたいする責任感が限りなく零点に近づいているにもかかわらず、自己責任のことが近年やかましく取り沙汰《ざた》されている。それは市場競争を社会の秩序化原理として称揚するというアメリカニズムの風潮のせいである。競争主義は、人々の利害が衝突する場合には裁判所でそれを調整するという条件の下に、競争の結果については自己責任に任せようとする。競争で敗者になったとしても、その損失は自分の負担で引き受けるということだ。これは、金銭の獲得競争のことに視野を限定した話であり、そこで自己責任の原則を立てるのはまったく妥当なことと思われよう。

しかし市場競争における自己責任が正当化されるのはいわゆる「機会の平等」という条件が納得できる形で成立している場合にかぎられる。通常は、「機会の平等」と「結果の平等」を分離することが可能とみなされ、前者は正義に叶《かな》うが、後者は悪平等という不正義をもたらすと批判されている。しかし事はそう単純ではない。もし、「機会の平等」が単なる形式に終るなら、ある人にとっては、その機会に接近することが実質的には不可能になる。たとえば、ある産業の門戸《もんこ》が完全に開放されていたとしても、そこで活動するためには莫大な資金を必要とするとするなら、貧乏人にはその門戸は閉じられているに等しいことになる。そして、それを放置するのは、弱肉強食あるいは優勝劣敗という下等な秩序化原理を認めることである。

そもそも機会の平等というのは、能力の後天的のみならず先天的な不平等という不可避の条件のことを考えに入れると、形骸化された平等原理にすぎないとわかる。また、能力格差をどの範囲にとどめるかが定まらなければ、自己が公正な立場におかれているかどうかが判明しないのである。そして能力格差にたいする是正のためには何ほどかは結果の平等のことを勘案《かんあん》しなければならなくなる。公正の原理については、先に論じたように、平等と格差のあいだの平衡の支点を歴史の英知に求めるというやり方しか有効でないと思われる。それはともかくとしても、市場競争のかかわりで自己責任をいう者には、自己が社会のなかでいかなる立場を占めるべきかについての関心がほとんどないのである。

同種の無関心が裁判にたいしても及ぼされる。裁判と公正な手続きによって立場や利害の衝突が調整されうると彼ら競争主義者は考える。しかし、リーガル・アルゴリズム（法律的計算法）で律するには現代社会は複雑にすぎる。それは変化のメカニズムを内包した社会なのであるから、法律の解釈・運用が裁判における力関係によって決まることになる。これも弱肉強食・優勝劣敗の方式であり、それを公正とみるのはいかにも劣等な秩序観である。

さらに市場機構そのものが「失敗」の危険にさらされている。「不確実性」、「大規模生産の有利性」そして「公共財の存在」という条件があれば――それらの条件は遍在《へんざい》している――市場競争は効率的たりえず、その意味でいわゆるマーケット・フェイリュア（市場の失敗）は必然なのである。加えて、市場均衡は安定的とはかぎらず、その不均衡過程で多大の経済的犠牲が生じる。そして、最後に市場を通じる所得分配は能力格差を許容できない程度に拡大するかもしれないのである。これらを失敗するがままに任せておくのは社会秩序への無関心だとしかいいようがない。

これほどの難点を市場が抱えているのに、競争主義者はなぜ自己責任のことを強調するのであろうか。それは「自己」そのものにたいする無関心のためだと私は思う。正確には、「自己」を貨幣利得の追求者（マモニスト）の相においてのみとらえているということだ。市場がマモニスト（拝金教徒）たちの競争の場であるならば、弱肉強食が万古《ばんこ》不易《ふえき》のルールであるように、彼らには思われるのであろう。能力格差の是正や「市場の失敗」の修正にしても、マモニストたちの競合によって何らか適当な解決策に辿《たど》り着くであろうというわけだ。もっとあっさりいうと、カネをめぐる喧嘩沙汰は当事者に任せておけということである。

「自分の決定でもたらされた損失は自分で負え」という言い方のなかにすでに、自分のことにしか配慮しないマモニストの面目が躍如としているではないか。自分の失策は他者にも悪影響を与える。しかし自己責任論者によれば、そのことをリスク計算のなかにきちんと組み入れていなかった他者たちの責任だとみなされるのである。たとえば、親会社の倒産で下請会社が苦境に陥《おちい》ったとしても、親会社を信頼し切っていた下請会社のほうが悪いという理屈になるわけである。

競争主義の自己責任論には、自己の場所が他者たちとの信頼関係のなかにあるという観点がすっぽり抜け落ちている。いや、その関係は信頼の一色によって塗り潰されていなくてもよい。敵対に至らないかぎり、相互反発もまた相互依存にとって不可欠の要素であるからである。つまり（ある範囲での）相互不信は相互信頼を強化する因ともなりうるのである。いずれにせよ、責任を取るということは、そうした自分の存立を可能にしている共同世界にたいして——さらにいえば、その世界の根底を支えている自分たちの共同存在性にたいして——あるべき規範に則《のっと》って制裁を受けること、あるいは制裁を受けるのを覚悟でリスク・テークする（危険を賭《と》する）ことである。

この本来の意味での責任感が現代社会から急速かつ大幅に失われつつある。そのことを逆にいうと、共同世界とのかかわりにおける自己決定の能力が衰えているということである。共同世界との関係が薄い事柄については、たとえば消費材の選択や旅行先の選定にみられるように、自己決定の能力は増大しているかにみえる。もちろん、それとて市場の流行に乗っているだけのことが多いのだが、現代の流行はかならずしも一様ではないので、どの流行を選ぶかという選択において自己決定が拡大しているといえなくもない。だが、家族から国家に至るような共同世界にかかわる問題となれば、現代人は決定不能症に罹《かか》っているかのようである。それは、共同世界への責任感を喪失した者たちの当然の姿といってよい。

先に、（死という名の無を前にする場合のような）不確実な状況では、どんな決意も一方で良心によって引っ張られ、他方で良心へと押し出されるといった。その良心への第一階梯《かいてい》は、共同世界においてあるべき規範とは何かと感じたり考えたりすることであり、その第二階梯は、あるべき規範にもとづいて責任を全《まっと》うすることではないのか。

両階梯とも歴史への洞察があってはじめてその姿形をみせるものだ。だから自己決定のためには自己のうちに伝統を蘇らせようとする決意が必要となる。そして、それが決意であるからには、そこに個人性と私人性が介在することはやむをえない。つまり伝統への解釈に恣意《しい》が交《ま》じるのを避けることはできないということである。しかしそれが歴史の英知とは何か、伝統とは何かという解釈問題である以上、解釈をめぐる議論にはおのずと限界が画《かく》されるし、また議論を発散させないためのルールも伝統のうちに——具体的には公共的に認知された「言葉遣《ことばづか》い」の体系として——求められる。自己決定の能力、少なくともその基礎は、この議論への参加と、そこでの経験を通じて鍛えられるのである。

いま、こうした議論のための言葉が市場のための貨幣によって駆逐《くちく》されている。貨幣の場で自己責任や自己決定について喧伝《けんでん》されているが、それは最も卑俗な形態のニヒリズムともいうべき優勝劣敗の原則に帰結している。つまり社会的ダーウィニズムがまるでゾンビの如くに蘇生しているわけだ。それもそのはず、歴史に根差すものとしての共同世界からかくも遠くまで逃亡してしまった現代人の「自己」には、「キャッシュ・ネクサス」（トーマス・カーライル[★54]）つまり「現金連関」のことしか含まれていないからである。

Ⅳ　「自分探し」の徒労

自己を徹頭徹尾に「自我」としてとらえる、つまり自己のうちに「自意識」をしかみない、それが近代人の傾きである。それが大衆人ともなれば、自意識の根本を支えている固有の自己とは何かと問いつづけて、結局、自意識が底を割ってしまうのである。つまり、自意識の根本を支えている固有のものは、たかだか、状況のうちに被投され頽落している者に取り憑《つ》く不安の感覚だけだ。そこで彼（大衆人）は、状況の全体的な意味については世論によって判断してもらう。世論のほうはといえば、大衆の不安にうまく呼応するような出来事を適当に探し出してきて、それにありきたりの（たとえば人権主義のような）観念の衣を被せることに終始しているというわけだ。大衆人は、その世論の枠組に自分の精神をあずけ、あとは状況の一側面に住みついて、できれば安穏に暮らしたいと願っている。しかしそれは生の展望を空間的（社会的）にも時間的（歴史的）にも失うことであるから、大衆人は「自分探し」をしなければとの強迫にとらわれつづけるということになる。

「自分探し」が徒労に終わることについてはもう十分に述べた。探し当てられるべきは実在（真理）なのだが、実在は言葉を住《す》み処《か》とし、そして自分という存在はその住み処の番人をしている、ということにすぎないのだ。言葉が歴史という名の草原を移動しつつ実在を運んでいると思われるのだが、自分という存在はその牧者《ぼくしゃ》にすぎない。その番人なり牧者なりの生を通じて徐々にわからされてくるのは、実在は、そこにあると指示されているにもかかわらず、人間に認識されるのを拒絶しているということである。それを「無」とよべば、人間は実在を求めて、自分が無に永遠に回帰するほかないと知る。つまりニーチェの「永劫回帰」である。それが死という無にかかわるものとしての人間にとっての実在の姿なのだ。そのことを見通せないものが「自分探し」に赴く。「自分探し」は、自分こそが実在のはずなのだという迷妄に発している。実在を探すのが自分なのだという境地に満足できない貪欲、それが「自分探し」の動因である。だがこの貪欲は、自分を食い尽したあとに、ニヒリストに転落した自分を発見する。そしてそのニヒリストは、真理はないと悲鳴をあげつづけるのである。

私は、「自分探し」を無下に否定しているのではない。私のいいたいのは、自分が何者であるかは、「実在探し」への決意のなかにしか開示されないであろうということである。過去のうちに伝統を探索し、それを現在のうちに保守し、さらには未来のうちにそれを復古させようとする決意、その決意によって可能となる言葉の活力、そこにしか自分の本来性は宿らないであろう。自分を探すためには自分を捨てなければならない。自分を微小なものと自覚することによってはじめて、伝統の巨大さを洞察することができ、それができることによってやっと、自分が生きていることの意義を感得できるということなのだ。

伝統とは、すでにみたように、個人生活および社会制度の葛藤《かっとう》（矛盾や逆理）にたいする精神の平衡術のことをさす。いくたびも確認さるべきは、伝統のドラマツルギー（演劇的構成）についてである。それは、荒れ狂う（ことが大いにある）言葉の海で生の小舟を巧みに漕《こ》ぎ切るための操縦術のようなものである。だから伝統の精神は、理屈と感情のあいだのものをはじめとする様々な葛藤を引き受けつつ、それらを平衡させるのである。

伝統を「因襲」とよび、人間精神の演劇性を抑圧する重い代物とみなすのは度し難い錯誤である。トラディションはたしかに因襲をたっぷりと伴っており、そして因襲は人間精神を硬直させはする。だがかくも長きにわたって持続しているトラディションを単なる因襲の塊《かたまり》とみなすなら、とうに、人間精神は石化し切っていることであろう。そのような化石の精神の持ち主が抑圧からの自由をいったとて、その科白自体が硬直していることになるであろう。

また、自由を願望したいのなら、その人の思う自由が平衡を保ったものであることをあらかじめ証明してみせなければならない。そして、その証明は人間に生来の平衡能力が備わっているという点に見出される、と考えるのがヒューマニズムだ。しかし、そうであるならば、そのように素晴らしき人間たちがなぜ因襲の制度を作り出したのか、という疑問にぶつからざるをえない。少数の人非人がそれを人間の歴史に押しつけた、というのでは子供だましの理屈になる。

平衡術は、人間の精神的葛藤を処理することにおける試行錯誤を通じて歴史的に蓄積され来たった、と考えるほかない。つまり、歴史から切断されたような人間は、そのような（人間精神のドラマにおける）平衡術を身につけるには、あまりにも不完全であるのだ。不完全さを知悉するがゆえに伝統の前では頭を低くする、それが自分を捨てるということなのだ。そして自分を探すとは、伝統という精神のバランシング・バーつまり「平衡棒」を手にした自分が、未来における生のドラマをどのように演じようと決意しているか、その現れにおいて自分の個性を発見することにほかならない。

では、その「決意」はどこからやってくるのか。伝統は個人の決意までは定めてはくれない。人間が現在の状況に頽落することも、そこから逃走することも可能なのであってみれば、伝統が、決意を直接的に左右しはしないとわかる。決意は、とりあえず、それをなす人の独得な精神の内奥から湧いてくるとしかいいようがないのである。それどころか、過去の記憶も未来への予期も現在の状況判断も、その決意の在り方によって異なってみえてくる。そのことにこだわれば、人間の決意は根源的な孤独のなかでなされるとわかる。

しかしその孤独な決意は伝統を引き受けんとする決意である。だからそれは、伝統が何であるかについての会話や議論を他者となすことを予期している。また伝統をいかにリプリゼント（再現という形で表現）するかをめぐって、（主意的なるものとしての）行為や（定型化されたものとしての）行動を他者に向けてなすことも予定している。つまり、その孤独は、社会という悲喜劇の場に登場し、そこで（他者への連帯や敵対を通じて）孤独を脱するための準備運動のようなものである。そして決意は、すでにみたように、その過程の終点において死に直面することを予期している。その予期が決意にたいして宿命の様相を帯びさせる。そのように深化させられた決意は、もはや単なる「自分探し」などとは関係がないのである。少なくともそのような糖衣錠めいた言葉の装いを突き破ってこその決意である、といわざるをえない。

しかし決意は、ましてや死への決意は、どこからやってくるのかという問いはまだ十分には答えられていない。それは答え切られはしないものなのであろうと私は思う。ある部族のアメリカ・インディアンは「今日は死ぬのに良い日だ」といって死んだそうである。それに似て決意は、たぶん、今これをなすべきだ、という痛烈な思いとともに決行されるのであろう。感じるべきことをおおよそ感じ切り、考えるべきことをたいがい考え切ってしまえば、それでも残る自他への気遣《きづか》いは決意によってしか表現されえないのではないだろうか。

今ある「自分探し」の流行は、決意を先に延ばすための口実にすぎない。決意一つで自分も自分のまわりの世界も一変する、しかも実在の在り処《か》を示唆するような方向において変化する、と思うことが大衆人にはできないようだ。自己解釈と自己決定の関係は、あたかも、砂時計のようなものである。自己解釈の数々は細い穴を通じて自己決定の次元へと落ちる。それを引っくり返せば、自己決定の数々が同じ細い穴を通じて自己解釈の次元へと落ちるということだ。しかしこの繰り返しによって刻まれる生の時間も死とともに終了するのだと察すれば、あるとき、これまでの自己決定を総清算すべく、自分という砂時計を自分で振るなり壊すなりして、(死を伴うものとしての) 決意へと赴《おもむ》くことができるであろう。生は本来的にそうしたものなのだと見定めなければ、「自分探し」の自己欺瞞《ぎまん》に明け暮れつつ、はたと気がつけば、自分はすでに死んでいたということになりかねないのである。

★53　マックス・ウェーバー［Max Weber 1864-1920］ドイツの社会学者。法学・経済学・歴史学など多方面から、近代の資本主義を歴史的に分析し、個人の行為や意識を通して社会の構造を記述する「理論社会学」を確立した。合理精神とピューリタニズムの歴史的結合を解明したり、近代的主体のモデルを描いた功績も大きく、また経済論理と宗教の比較から東西文化の研究にも貢献。主著に『プロテスタンティズムの倫理と資本主義の精神』『経済と社会』『職業としての学問』など。

★54　トーマス・カーライル［Thomas Carlyle 1795-1881］イギリスの歴史家・評論家。ドイツの観念論哲学や文学を研究し、イギリスに紹介した。またフランス革命の勃発について、社会改革の手段として革命を支持し、英雄的指導者の必要を説いた。さらに当時の産業社会の危機的状況を指摘し、民主主義や功利主義を批判した。主著に『シラー伝』『フランス革命史』『過去と現在』など。

第六章 社交について 公心なき社会

I 社交なき自家撞着

人間の言葉は、その多くが職場と家庭において吐かれていよう。しかし職業的な言語はあまりに分析的あるいは技術的であって、そのパフォーマンス（出来栄え）は当事者の言語的ポーテンシー（潜在力）と比べて貧弱すぎるのではないか。他方、家庭的な言語はあまりに総合的あるいは慣習的であり、当事者の言語的力量を汲み取ることはできない。だから、そこで、ゲオルク・ジンメル★55も強調したように「社交」への願望が生じ、人々は職場と家庭を媒介せんものと励むことになる。

しかしこの媒介作業が奏功するのは稀である。社交に特有の表現形式をみつけるのが至難だからである。我が国の社交場はその失敗例の見本市となっている。宴会場においてであれ酒場においてであれ料理店においてであれ、言葉の大半は職業的言語によって占められており、残りは間奏曲のようにして家庭的言語が挿入されるだけのことだ。アメリカにはじまるいわゆる「パーティ」なるものも次第にそうしたものになっている。

社交は社会を形成するための基本形式であろう。だが「社会」にはそれにふさわしい人間類型があるとされている。それがホモ・ソシオロジクスで、それは、社会への参加者がロール（役割）を取得し、それを演技するということをいわんとするものだ。社交が「社会人」によって遂行されるとき、そこが一個の劇場になりはする。しかし各演技者が職場や家庭での役割を引きずっているので、その演劇が活性化することはほとんどありえない。その不活発を糊塗《こと》すべく、歌声、笑い声あるいは嬌声が無意味に高められ、結局はスラップスティック（どたばた劇）となってしまうのである。

社交が活性化するためには参加者のあいだで役割交換が敏速かつ効果的に行われなければならない。たとえば相手の職業的役割を自分が代弁してみせるというような振る舞いが、社交の本来的な姿である。しかしそれを行うためには、各人が、ポーテンシーにおいて、立場の互換《ごかん》性というものを理解していなければならない。つまり相手の立場を我が立場として演技する能力を身につけている必要がある。その能力を養う場が社交場なのであるとすると、それは職場と家庭を単に媒介するものにはとどまらないであろう。逆に、社交におけるみずからの役割を固定化させるところに職場活動や家庭生活が成り立つというべきであろう。

しかし職場活動は一切の活動にとっての物質的基盤を（つまり所得を）準備するという意味で、その役割における特殊性にもかかわらず、活動としての一般性を誇りうる。また家庭生活も、みかけの平凡さにもかかわらず、男女の性交や子供の養育などといった動物的な次元にも及んでいるので、生活としての一般性を自負しうる。しかしながら、物性にせよ獣性にせよ、それは言語の内的な活動力を保証するものではない。言語の一般的な活動力はやはり社交において養われるものであろう。

　しかし社交には一つの大きな弱点がある。それは、社交には目的がないということだ。少なくともそれが通常の社交観である。たとえばジンメルも、社交の目的は社交それ自身である、といった。しかしこの言は納得しうるものではないと私は思う。なぜなら、他人と喋《しゃべ》ることによって他人と付き合うものとしての社交は、あるときは快楽でありえても、ほかのときに苦痛にもなりうるからである。また、自分が軽蔑するような相手との付き合いを社交の名において受け入れるのは難しいからだ。だから、社交にも目的があるとしなければならない。通常の社交観では社交には目的がないというが、目的がないからこそ、社交場の演劇は職場あるいは家庭の延長に堕《だ》してしまう。あえて仰々《ぎょうぎょう》しくいうと、真善美つまり実在へ接近するための「言葉遣《ことばづか》い」を習得し鍛錬することが社交の目的ではないのか。そのような言葉遣いによって形づくられる精神の傾きを「公共心」とよぶなら、社交の目的は公共心の発達にこそあるといえるのではないか。

　だが、いちいち目的を明示するのでは、それは社交場というよりは研究会とよぶべきものに変わってしまう。そもそも真善美の研究などというものは職業的学術の課題となりうるにすぎない。だから、そういう課題意識をおくびにも出さないという暗黙の約束の上にこそ社交場というものが成立する。つまり社交場にあっては、人々は、「実在」にたいしても「公共心」にたいしても、いわば媚態《びたい》をもって臨むのである。真善美について語るのが「好きであると同時に嫌いである」という愛憎併存感情が、社交場の言葉遣いを、「生まじめな戯れ」「品位ある冗談」「希望あふれる絶望」といった類のオキシモーロン（自家《じか》撞着《どうちゃく》法、矛盾法）に近づけるのである。

このことは、「実在」の、「無」としてしか語りえないという根本性格によっても、要請されている。最も語るに値する事柄が明示的に語ることの絶対にできぬものである。それゆえ「実在」にたいしては、肉迫するために遠ざかる、語りたいという希望を語りえぬという絶望によって表現する、というふうに取り組まざるをえない。社交場の表現において矛盾法が多用されるということは、そこでの語りが真理に接近したい、公共心を発達させたいというひそかな目的によって率いられていることを逆証している。

またそれは、ニヒリズムにたいする一つの（おそらくは不可欠の）対処法でもある。自分のニヒリズムを自覚するものは、それに浸《ひた》ることの愚を察して、めざすべき価値について語るであろう。しかし価値についての語りは、語られゆくにつれ、もはや語ること叶《かな》わずの領域へと連れ込まれる。それは自分のニヒリズムを告白するほかない会話の局面である。そこで話者は、自分のめざした価値に確実な根拠はないということ、ただし自分は決意をもって（あるいは宿命の下に）何事かを価値の根拠として選んだ（あるいはその根拠の証人として自分が選ばれた）、というふうに構えるほかない。これもまた自家撞着的な表現法である。それを巧みに自分の生に組み入れる以外に、ニヒリズムを手懐《てなず》ける方法はないのではないか。社交場の言葉における基本的な音調もまた、「ニヒリズムの克服」と「ニヒリズムの告白」とが交差するところに奏でられるのである。

Ⅱ　世人の空話

社交にあっては、世俗のルールが重んじられる。自分が世間の仕来たりのうちに投げ出されていると周囲からみなされることを承知の上で、人は慣習という平凡なものを踏襲してみせる、それが社交の基本的な在り方だ。たしかに、この平凡さのうちに安らいでしまうなら、社交は人間を（状況のうちに頽落《たいらく》せるものとしての）「世人《せじん》」に堕《お》ちさせる場となり、そこで交わされる言葉も「空話《くうわ》」にすぎぬものになる。現にそうした類の社交しか見当たらないという有様になってもいる。

しかし同時に顕著なのは、社交場そのものが衰微しているということだ。社交の退屈に耐えるくらいなら、高度情報機器によって与えられるイメージの孤立空間のなかに閉じ籠もろう、それが今や世人の行動様式になりつつあるといっても過言ではない。このことは、社交場の頽落ぶりにたいする無自覚の批判だといえなくもない。事実、社交場を再建しようとする動きが広がってもいる。そこで模索されているのは、社交場における退屈や情報社会における孤立とは異なった人間関係の在り方である。それは社交の本来性を取り戻そうとする試みだといってよいであろう。

本来の社交にあっては、「平凡の非凡」（チェスタトン）ということがよく理解されている。たとえば、ほんのちょっとした挨拶などの儀礼が人間関係の緊張を解くのに、また逆に人間関係における放縦《ほうじゅう》を防ぐのに、決定的に重要であるということだ。儀礼に劣らず大切なのは、状況の文脈に応じて言葉のスタイル（文体）やレトリック（修辞）を変えるという意味での、言葉遣いのテクネー（技法）である。それらを総称して「マナー（作法としての方法）」とよべば、マナーという平凡なものこそが、社交における人間心理および人間関係の葛藤《かっとう》にたいする非凡な平衡《へいこう》術となっている。それは、マンネリズム（方法の固定化）の危険によく耐えるなら、社交の活性化にとってなくてはならぬ手立てである。

社交場は、会話・議論の場としての性格が参加者たちによって自覚的に保たれているかぎり、マンネリズムを防遏《ぼうあつ》することができる。なぜといって、人前で「公表」される言葉は、その表現者に「言葉への責任」を迫らずにはいないからである。たとえば、社交場で、素面のまま、「自分は状況がかく悪化すれば死を賭《と》してそれと闘ってみせる」といったとする。そうと口外した以上、状況が実際に悪化したとなれば、死を賭して行動してみせなければならなくなる。口外したことを実行しなければ自分の名誉を守れなくなるであろうからだ。その意味で、本来の社交場には「公表することの危険」とでもよぶべきものが、強弱の差はあれ、漂っている。そういうところでは、マナーのマンネリズムは生じないのである。

またその危険が察知されればこそ、社交場の会話や議論にあっては、立場の交換をはじめとして、立脚点の変更が重んじられる。固定した立脚点にもとづく紋切型の宣言は、例外的な場合を除いて、社交場にあっては禁物である。「宣言」という危険なはずの言語行為が社交場での常態になってしまえば、危険への挑戦が単なる乱暴の行使になってしまうしかないであろう。

立脚点の変更を通じて確認されるのは、話者がどの程度に複雑な感情とどの程度に包括的な論理で物事をみているか、ということである。というより、そういう会話・議論を通じて話者は自分の視野がどうなっているかを発見し確認する。その意味で、社交は気晴らし以上のものである。社交における自己発見や自己確認は、自分の認識の幅を広げ、認識の構造を変えるのに、しばしば、大きな寄与をなす。実践が認識を方向づけるのは、主として、社交においてだと思われる。孤立した思考が白痴めいた表現に終わりがちなのは、社交という実践が欠けているせいであろう。

思えば、シムポジウムという今では研究の一方式とみなされている場も、元来は、社交場なのであった。古代ギリシャのシュムポシオンは「宴会」のことをさしていた。社交の場で真善美について談じ合う、それがシムポジウムの原義である。ダイアレクティク、つまり「弁証法」にしても、それはダイアローグつまり対話における表現法のことだ。自分の内部において仮想の対話をなす前に、というよりその能力を形成するために、まず社交場における対話があって然《しか》るべきであろう。

社交場がそのようなものであるならば、そこにおける会話・議論が職場の機能的言語や家庭の自然的言語に影響を与えないわけがない。社交場で得た言語能力が必要な折に、有効な形で、職場や家庭で発揮されるということである。そして職場や家庭はそれを必要としている。職業も家事も、社交をなしているのと同じ人間が行う営みである。それら三者のあいだに境界があることは確かだが、相互に影響を浸透させ合うのでなければ、それぞれが干凅《ひから》びてしまうだろう。

言葉が枯渇するということは、その人の人格が輪郭をなくしていくということである。今や人格なき者たちが社会の様々な部署に溢れ出している。彼らが用いる言語は、メキャニカル（機械的）あるいはシステミック（体系的）なものである。いや、その言語は高度情報化につれて機械やシステムそのものが発することになる。機械やシステムの前で沈黙する、それが彼らの表現法となる。しかし、沈黙が金であるのは、世界が冗舌で満ちている場合に限られるのである。

近代において社会の媒介的小集団が死滅していったため、その社会が連帯性を失いつつある、アノミー（無規範常態）が広がりつつある、とエミール・デュルケーム[★56]はいったが、その「媒介」の本質は社交に求められるべきである。というのも社交における表現の両義性さらには多義性こそは、まさに、異質的なものを関係づけるのに必須の要素だからである。上に述べた社交場の再建という社会運動も、そうした媒介作業によってアノミーを脱しようとする企《くわだ》てであるに違いない。

その点で、アメリカで発達したディベート（論争）という表現法は有害であることが多い。少なくとも今のディベートは表現者の立場を特定し、しかもあろうことか恣意《しい》的に特定する。もちろん、当初は、相手の立場に立って主張を展開してみる、というのが教育法としてのディベートであった。しかしそれとて立場の恣意的な特定であることに変わりはない。それゆえ論争は、相互理解による社会の統合ではなく、相互誤解による社会の分裂を促進することになる。そこに統合があるとしたら、それは弱肉強食、優勝劣敗という方式によってである。その方式は社会の成員のあいだの同意を、したがって信頼を、破壊する。そして、その弊害を矯正すべく「パーティ」が行われるというわけだが、それはえてして、偽善の市場《いちば》における欺瞞《ぎまん》の交換といった結末に終わるのだ。

アノミーがニヒリストの養成場になるについては論を俟《ま》たない。無規範の社会が否認さるべきなのは、犯罪や背徳をもたらすためばかりではない。犯罪や背徳にはアノミーに抵抗するための「表現」という要素があるが、そうした表現欲を失ったものとしての（消極的）ニヒリズムはとりわけ社交の言語活動を錆《さ》びつかせる。また、社交の言葉が活力をなくすためにニヒリストの大群が発生もする。社交場への参加は（おおよそ）強制されるものではなく、したがってそこにおける言葉は自発的あるいは主意的な体裁をとるが、その体裁をニヒリストはかなぐり捨てようとする。ニヒリストが社交場を荒廃させ、荒廃した社交場がニヒリストをさらに増やすという仕儀になる。この循環を断ち切るには、まず、それを最悪の循環と認定するところから始めるより手がないのである。

Ⅲ　公共心の荒廃

社交の会話・議論における立場の互換や視点の移動が単なる相対主義の遊戯に陥る危険はないのであろうか。むろん、大ありである。社交場において道化師や詭弁家《きべん》がトリックスター（文化英雄）になりがちなのは、物は言いよう、論じよう、という彼らの相対主義的な姿勢がその場を活気づけるからだ。しかしその活気が晩《おそ》かれ早かれ悪ふざけをもたらすとき、あるいは相対主義を振り回しているものの意図が露顕するとき、社交場は冷却する。だから、相対主義に限界を画するルールが必要になるわけだが、そのルール形成の過程は公共心への志向によって統御《とうぎょ》される。公共心を傷つけるような会話・討論は基本的には遠慮すべし、というルールが出来てくるということである。

社交場における、真善美についてのむくつけき議論は、すでにみたように禁じられなければならない。しかし公共心にまつわる事柄ならば、社交場はそれを許容するのみならず必要とするのである。それをいかなる文体と修辞によって語るべきか、それについてのルールは、あくまで慣習法であって、制定法にはなりえない。いいかえれば、それは技術知ではなく実際知に属している。しかしともかく、公共心をめぐる話題を適宜《てきぎ》に交えることが社交における一つのルールであることは確かなことである。そのルールがあれば、相対主義によって社交が加熱化と冷却化のあいだで振動させられる、ということになりはしないであろう。

公共心をめぐる話題を交えることが社交における一つのルールであるのだが、そもそも公共心についての語りそのものが難事である。自由と秩序、平等と格差そして友愛と競合における平衡はいかにあるべきか、といったようなことを直接的な話題にするのは、媚態を旨《むね》とするものとしての社交の言葉には適さないからである。媚態とは、この場合、イエスという回答とノーという回答との同時存在を表現するような態度のことである。つまり、媚態には諧謔《かいぎゃく》の精神が必要であって、だからこそ、ユーモアを表現するのに不都合な話題を避けるのも、話題の提出の仕方を熟考するのも社交のルールとなっているのだ。現在の社交の実態はともかくとして、少なくとも本来の社交にあってはそうである。

話題の選び方とその提出の仕方、それに意が用いられていなければ、公共心への関心はむしろ社交そのものをぶち壊しにするであろう。そこで話題にされるのが、一つに、世論《せろん》を通じて誰でもが知っている具体的な出来事であり、二つに、誰もが好奇心を示すに違いない具体的な秘密ということになる。「事件と噂話」、これが社交における主要な話題だという意味で、社交における気遣《きづか》いには、頽落への大いなる引力がはたらいていることを認めざるをえない。実際、人がみずからの堕落を公表してしまうのは社交場においてなのだ。堕落を回避したければ、人は職場において規律化されるか家庭において情動化されるかするしかないであろう。が、しかし、少しく考えてみれば、両者とも人間の人格を偏頗《へんぱ》にするやり方であり、それが社交場における人格の全面的な融解よりも勝れているとは必ずしもいえない、ということに気づく。ただ、「事件と噂話」という危険な代物《しろもの》と触れ合ったぶんだけ、後者のほうが表現力において勝れているという見方はできるかもしれない。

社交においては、「事件と噂話」を話題にしながら、会話・議論を公共心の表現に結びつけていく、その志向が大事なわけだ。しかもその表現にはあくまで諧謔味を加えなければならないのである。そして、このルールに則《のっと》って言葉をうまく遣うためには、話術というものが必要となるが、その話術は技術知によって処方されるようなものであってはならない。（隠された）伝統にもとづく実際知が話術を支え、（未知の）良心への決意が話術を実行に導くのでなければならない。といったふうに社交の言葉は、「事件と噂話」という危険な素材を料理するのである。ただし、「事件と噂話」という不潔な精神の溶液に半身を漬《つ》けながら、あとの半身をそこから脱け出させておくためには、人は（伝統にたいして）謙虚にならざるをえないし、（良心にたいして）誠実でなければならない。そういう、一見平凡な態度がむしろ自己防衛策としては必要なのだ。そうしておかなければ、人の人格は社交によってたちまち襤褸《ぼろ》にされてしまうであろう。それほど社交というものは退廃へのポテンシャルを秘めているものなのである。

社交の話術において、自分がどれだけの実際知を身につけているか、そして良心への気遣いをいかほどになしているか。それを確かめるには、社交の言葉を自分の抱えている職業と家庭の現実に照らしてみることである。職場や家庭の現実は、すでにみたように、人工の機構により箍《たが》をはめられたり、自然の情動に流されたりしている。とはいえ、その現実とまったく乖離《かいり》するような社交の言葉は、いかに巧妙にドラマタイズされていようとも、単なる空話である。つまり、職業と家事、そこにおける機構の機能と慣習の作用にさらされ、それらをくぐり抜けてきた言葉でなければ、（本来の）社交には適さないのである。わかりやすい例でいうと、社交の舞台は、舞台裏での金銭の計算（最も素朴な実際知）と信頼の確認（良心の最も素朴な発生源）を必要とするのだが、そういう裏事情への気遣いは職業や家事のような活動を通して鍛えられるほかないということである。また、そういう気遣いのない言葉は社交の演劇を空疎なものにするばかりだ。

公共心の下地は、社交場でのルールを習得することとして、またその具体化たるマナーを学習することとして、形成される。また社交場はその両翼に、いわばアネックス（別館）のようにして、職場と家庭を持っている――この点では、職場も家庭も準社交場とみなされる――。そして、ルール・マナーの意義について問うのはすでにして良心のはたきである。一般にこうした日常生活に密着した場所での公共的な気遣いを「公徳心」とよぶ。公共心は、政府活動のみならず、民間活動にも（公徳心という形で）かかわっているということである。人々が互いに他者性の関係におかれるところではどこでも、公共心なしにはすまない。社交場はそのことを明瞭に示す民間領域なのである。

以上のことが、半ば無自覚にせよ、人々の共通理解になっているなら、（たとえば、政治や宗教にかかわるような）赤裸に公共的な問題が社交の話題として取り上げられても一向に構わないのである。いやむしろ、政治・宗教という（個人的でも私人的でもないという意味で）ほぼ純粋に公共的な話題について、いかに魅力的な会話・議論を繰り広げうるかということで、社交の水準が測られるのである。というのも、会話・議論が魅力あるものになるのは、個人性・私人性の強い（通常の）話題についてすでに存分に楽しまれている、あるいはそこで相互理解に達している、という場合におおよそ限られるからだ。通常の話題について相互誤解が溜まっている場合の政治論議や宗教談義は、おそらく、社交場を瓦解させずにはおかないであろう。

社交場にあって政治・宗教について公共心の見地から語るということは、各人がおのれの政治的な信条や宗教的な信仰を示すということにほかならない。だが、それらを直接的に表明するのは社交を早期に途絶えさせることになろう。つまり、それは論争さらには喧嘩をもたらして御仕舞となるのである。ヴィトゲンシュタインふうにいえば、信条・信仰は指示さるべきものであって叙述さるべきものではない。少なくとも、他者の了解を得んとするときには、「信」を明示的には語らず、ただ隠伏《いんぷく》的に示す、それが社交のルールでありマナーなのである。

そのような意味で、世論を社交の場に導入するのはルールに違《たが》っており、マナーに反しているというほかない。世論は、わかりやすい例でいうと、「平和と民主」そして「進歩と人権」といったような信条や信仰の上に組み立てられている。だから世論の受け売りをする人物の登場は、下等な社交場を別とすると、論争・喧嘩の因となる。そして上等な人物は、論争・喧嘩沙汰をあらかじめ避けるために、そういう場に顔を出さなくなる。そして現実に起こっているのは、世論がほとんどあらゆる社交場を席捲《せっけん》しているという事態である。その社交場における精神汚染が大量の（消極的）ニヒリストを生み出しており、それに反発する（積極的）ニヒリストのための社交場は、すでに絶滅させられているといってよい。

こうした事態を招いた最大の責任は知識人に帰せられるであろう。知識人とは、元来、

「言葉それ自体」にたいして解釈を差し向け、その成果を公共空間において公表するのを仕事とする人間のことをさす。だから、知識人が上等であるための一つの必要条件は、好むと好まざるとにかかわらず、社交場という複雑にして怪奇な場所のコンダクターになる資質を持つということである。ところが、そのような資質を最も大きく欠いている典型が現代の知識人ということになってしまった。世論の代理人たる知識人が、公共心の発祥の地であるはずの社交場にヴァンダリズムを、つまり「文化破壊の野蛮行為」を仕掛けてすでに久しいのである。

Ⅳ　「仮想」の社交

現代における最大の皮肉、それは公共心へのヴァンダリズムにたいして「高度情報社会」の形容が冠されていることであろう。そしてその高度情報社会の指導層は、事が情報である以上は当然のことながら、知識人によって占められている。インテリゲンチャ（政治主義的知識人）にせよインテリジェント（専門主義的知識人）にせよ、かれらは情報社会の中心に社交があるべきだとは考えないのである。

社交があるならば、情報は総合的に機能しうる。すなわちイメージにまつわる表現性、技術にかかわる伝達性、慣習をめぐる蓄積性、そして価値における尺度性、これら四種の機能が社交の会話・議論のなかで、あるときは順番に、そしてあるときは同時に、発揮されるはずだ。情報社会を歓迎するものたちは、すでに言及したように、そのうちの表現性（とくにその刺激性）と伝達性（とくにそのうちの速度性）を重んじて、蓄積性と尺度性を軽んじる傾向にある。だから、情報とは畸型《きけい》化された言語のこと、つまり顕在的な機能（表現と伝達）が肥大させられてその潜在的な機能（蓄積と尺度）が縮小させられたもののことだと断言してさしつかえないのである。

「表現」というものは未来という外面的時間への計画的な介入を生み出し、「伝達」は自然という外面的（つまり対象化された）空間への技術的な秩序化をもたらすので、情報社会はつねに未来志向的かつ自然支配的なのである。逆にいうと、内面的時間としての過去が忘却され、そして内面的自然としての（つまり心身の基底的な在り方としての本来的な）自己が見失われる。人間における本来性とは何か。それは自己とは何か、自己と他者の関係はどういうものかと問い、そして解釈することだ。また過去の歴史にかんする記憶が、そうした設問と解釈をなすに当たっての、考慮すべき方法や内容を示唆《しさ》するのである。この人間意識の基盤をなすものとしての本来性と歴史性が人々のあいだの相互理解を可能にする。しかしながら情報社会は、相互理解の可能性を圧殺しつつあるのであるから、人々のあいだに互いへの無関心と無理解をばらまかずにはいない。そこから生じるのは、「言語人」、あるいは「解釈人」としての人間の、生における現実感の喪失である。つまり、社会のなかで生きいきと生きているという感覚が希薄になってくるのである。

ところが、あろうことか、インターネットにみられるような情報社会の高度化は、双方向的な意志疎通を可能にし、それゆえ人々のあいだの相互関心と相互理解を強化するものと評価されている。だが実際に起こっているのは、「インターネットは人々の孤立感を深めている」という（アメリカの）世論調査にもみられるように、逆の事態である。情報システムの「高度化」は、刺激的な新情報が高速で流通する、ということしかおおむね意味しないのである。情報の流通力を高めるためにはそのパターン（型式）化が必要であるということを勘案すると、高度情報化の本質は情報における「新型式」を創造するところにあるといえよう。

では、「新型式」がなぜ社会の紐帯《ちゅうたい》を強めると錯覚させるのであろうか。また、生の現実感を奪われた人々は、いったい何を頼りに、自分たちの社会に現実的な根拠があると、ひとまず思い定めているのであろうか。それはいわゆるヴァーチャル・リアリティ（仮想の現実）に依拠してのことであろうと思われる。情報媒体を通じて創られるイメージ空間があまりにも刺激的で理解しやすいため、仮想のものが現実のものと取り違えられるというわけだ。さらに、そういう新しい文明の方式が不可避的に到来するということであるならば、できるだけ早く「仮想現実」に適応するのが賢明だとすらいわれている。

しかし「仮想現実」という考え方ほど、「言語人」あるいは「解釈人」としての人間の本性を見誤っているものも少ない。むろん、言語もそれによる解釈もすべて、表象の世界を創り出すという意味で、仮想の営みではある。人間とその社会にとって仮想でないような表象や（表象にたいする精神的反応としての）現象はあった例《ため》しがない。しかし同時に、それが人間にとっての、もっといえば意識あるものすべての表象・現象にとっての、絶対的な限界でもある。

だが、リアリティ、つまり「現実性」という言葉がある。仮想性と現実性の関係はどのようなものか。現実とは、長期的に安定している仮想のこと、つまり繰り返して再現される現象のことなのである。つまり、現実性とは、このような特殊な（というより慣習にもとづいているため極度に安定した）形態の仮想性なのだ。たとえば、自分の連れ合いや子供を親密な家族とみなすのは「仮想現実」にすぎない。しかしその仮想現実が日々反復されるなら、家族の人間関係が自分の周りに揺るぎない「現実」として在る、とその人は思うに至るだろう。いや、様々な思いの大前提として家族というものがあると感じはじめるであろう。

仮想現実のことが取り沙汰《ざた》されるということは、長期安定を保てるような表象と現象が消滅しつつあるということの反映でもある。表象世界は絶えず変化するものとあらかじめ見込まれ、そしてその変化分に関心が寄せられる、それが現代人における意識の現象である。そして表象の変化は情報媒体によって、とりわけ新式の媒体によって、創造される。

新式の情報機器によって創り出される新式の表象形式が、人々の関心を強力に惹《ひ》きつけるのだが、その関心の強度のために、現実的なのは、現実そのものではなく、現実の変化なのだと錯覚されるのだ。

では、なぜそれは錯覚だといえるのだろうか。そもそも、表象の変化は（可能性としては）多様でありうる。そうであるならば、どの変化を（無変化も含めて）選びとるかという意志が、本来的に、関与するはずである。意志によって如何《いか》ようにでもなりうるものを現実的とはいわないからだ。だから、表象の変化を仮想「現実」とみなすということは、そこに意志の力が及んでいないということだ。つまり誰かの創り出した変化に適応するのを専《もっぱ》らにするという受け身の態度が人々によって共有されているということである。

また、新しい情報機器が双方向の意志疎通をもたらすというのも嘘である。そこでは、「誰か」が情報において新型式を創り、それ以外のものたちがその新型式に屈従するという、あえていえば情報世界における権力集中が発生する。その誰かは、まず情報産業におけるイノヴェイターであり、次に表象世界におけるマネジャーである。後者についていえば、インターネットにおける意見発表がいわゆる「仕切り屋」によって管理され、どの意見に従うべきかが指示されるという状況が現に生じつつある。つまり、「仕切り屋」がインターネット上の数ある発信者にたいして評点をつけ、そのいわば独裁的な評価にもとづいてインターネット界が秩序化される始末になりつつある。その仕切り屋が大衆人気つまりポピュラリズムつまり人気主義としての「匿名の権力」の代弁者だということもあるのである。

「仮想の現実」に人々が吸い込まれるようになると、社交場は意味をなさなくなる。少なくとも、言葉の諸機能を総合化させるような本来の意味での社交的な言葉遣いは脇に追いやられてしまう。そのかわりに社交場とよばれているあらゆる場所に、新しい趣向が、不断に新式化される音楽や映像や料理などを伴って、張り巡らされることになる。それは「文明」の必然であるかもしれないが、「文化」の必然ではない。技術の物質的産物を主体とする文明は歴史の精神的遺産を基礎とする文化とは別物である。文化において中枢の位置を占める社交は文明にとって邪魔な代物でしかない。だから今の似非《えせ》社交場にある言葉や会話は、沈黙のそれでないとしたら、（刺激性を誇りはするが、速度性のゆえにすぐさま腐《ふ》朽《きゅう》するに違いない）新情報の披瀝《ひれき》のみである。

現在の社交場が新情報の披瀝に終始するなら、それが消極的ニヒリストの養成場でないはずがない。状況への頽落、目前の安らぎへの拘泥《こうでい》、生への退屈、過去の忘却、空話の繰り返しなど、人の集まるところにはどこでもニヒリズムの瘴気《しょうき》が立ち込めている。この拡散し腐乱する方向にある似非の社交場に束の間の活力を注入し、そうすることによってその場を一時的にせよ束ねようとして、ニューズ（新しい情報）が放り込まれる。それはすでにしてファッシズム、つまり「束ね主義」である。ファッショ（束ね）はつねに必要なのだが、それがイズムとなって固定化されるのは人々の生への抑圧にほかならない。それゆえ、「仮想現実」こそはその語の最も卑俗な意味でのファッシズムの精神的土壌なのだ。「仮想現実」の音頭取りをするような知識人は最も卑俗なファッシストにしかなりようがないのである。

★55　ゲオルク・ジンメル［Georg Simmel 1858-1918］ドイツの哲学者・社会学者。ニーチェの「生」の理念を一面的であると批判し、生の自己超越性を主張する「生の哲学」を唱えた。その生のさまざまな形式としての歴史的・文化的価値を究明し、従来の総合社会学に代わる「形式社会学」を体系化した。また貨幣の社会学的意味について論じた。ルカーチやウェーバーなどに影響を与えた。主著に『社会分化論』『貨幣の哲学』『社会学』『生の直観』など。

★56　エミール・デュルケーム［Émile Durkheim 1858-1917］フランスの社会学者。社会現象を感情や直観で判断せずに、客観的に観察・記述しなければならないという、従来の生物学的・心理学的な方法に代わる社会学の方法を提唱。また経済学のいう分業の問題を扱い、本来社会的連帯を生み出すはずの分業が、アノミーつまり無規範状態を生み出してしまい、それが自殺などを招いてしまう構造も究明した。主著に『社会分業論』『社会学的方法の基準』『自殺論』など。

第七章 言葉について　失語の時代

I　ニヒリストの辿る道筋

あらゆる表象は言葉から生じる。いうまでもないことだが、言葉が表象世界を秩序立てるからといって、言葉を秩序の相においてのみとらえようというのではない。言葉は未来および過去という時間のカオス（混沌）のなかで言い表わされ、また自然および（自分の脳と身体もまた未知および不可知を抱えているという意味での）自己という空間のカオスのなかで組み立てられる。しかし、それらすべての混沌は、言葉による秩序化を予期されているという点では、「準」秩序にすぎないのである。少なくともそのような視野のなかに時空をおくのが言語的動物たる人間の宿命だといってよい。

また、技術とのかかわりで機械言語が発達したり芸術とのつながりで身体言語が成長したりすることを歓迎して、話し言葉や書き言葉を軽んじるのは本末転倒である。それらを派生させた母体はあくまで通常の言語なのだ。さらに、貨幣、権力、役割および価値などにかかわる制度的表象が拡大させられ、それゆえ自発的な言語活動への誘因が減ったとしても、それらの制度もまた言語の派生にすぎない。ついでに確認しておけば、自発的な意志というものにしても、究極的には言語活動への活力としてしか定義できない。したがって、言葉を失うということは人間失格の歴然たる兆候だといって構わないのである。

現代を染め上げているニヒリズムの気分もまた言葉への虚無感として描写さるべきであろう。仮にそのニヒリストが多弁を弄したとしても、それらが言葉への虚無にもとづいて発せられているのなら、それは失語も同然である。その多弁は、人に非ざる人の作り出した単なる空気の振動あるいはインクの染み以上のものではないのである。失語であれ空気の振動であれインクの染みであれ、ともかく、ニヒリズムが絶頂に向かっている現代であればこそ、ニヒリズムについて語ることは暗黙のタブーになっているようだ。仮に、自分は自分の言葉を虚無とみなしている、などと公言すれば、そのとたんに、一切の表象と制度が瓦解するに違いない。また、それを公言した自分自身が瞬時に崩壊するであろう。だから、舞台裏では自分の言に意味はないと居直りつつ、表舞台では意味ありげな言表を休みなく行うのが現代におけるニヒリストの、というよりみずからのニヒリズムにすら虚無を差し向けたものたちの、処世術となっている。ここで、無意味な世で無意味な生を送ることの意味とは何か、と彼らに問うても無駄である。意味について真剣に考えないものは、無意味についても真面目に考えていないにちがいないのだから。ニヒリストに意味について問うても、返ってくるのは曖昧な薄笑いでしかない。

すべての意味を固定観念の現れとみなして、意味は虚構だといい、さらには意味を求めるのは病理だと難じるのが現代の知識人におけるファッション（流行の表現法）でありつづけている。しかし、虚構であり病理であるのは、その難詰《なんきつ》のほうなのだ。人間の言葉はつねに虚構ではあるが、その虚構が長期に安定して保たれることを望めばこそ、人間はみずからの創り出した虚構に意味を求めるのである。というより、死活の意気込みによる意味創造の冒険、それが言葉による虚構の生産というものではないのか。また人間の言葉は完全な平衡《へいこう》に達することはないという点からみて、つねに病理的である。しかしその病理から逃れたいと願えばこそ、人間は諸々の意味のあいだの平衡体系を、つまりは健康な意味を実現させようと努めるのだ。

意味なしに人間は絶対に生きられないのであるが、それでは、意味に虚無を抱き、そういう自分に自足しているニヒリストはどういう算段で生き永らえることができているのであろうか。答えは簡単である。かれらは「意味という言葉以外のすべての言葉」を迎え入れることによって生き永らえるのである。そして彼らは、それらの言葉によって作られた一切の表象と制度をあっさり受容する。このように、「意味という言葉以外のすべての言葉」をことごとく認めるという見え透いたトリックによって、現代のニヒリストはきわめて貪欲に「文明」を摂取《せっしゅ》している。また、文明のほうもその貪欲をエネルギー源にしてけたたましく前進している。

しかし、現代のニヒリストたちは、真正の意味について問うことをせず、類似の諸意味でみずからを武装するというやり方こそが意味体系にとっての大敵となるということに気づいてはいない。なぜなら、真正の意味を不問に付すというのは、意味にたいして、否定よりも悪辣なもの、つまり軽蔑を差し向けることだからである。否定は問いへの一つの解答であるが、軽蔑は問いそのものを排除している。それのみならず、何ものかを軽蔑している自分自身すらが軽蔑の対象になっている。というのも、軽蔑すべき擬似的な諸意味を吸収したり排出したりしているのが他ならぬ自分自身だからである。なぜそんな自分が生き永らえていることを承認できるのか、という自己不安を癒すために、自己蔑視者たちは擬似の諸意味における「変化」に期待をかけるということになる。

それはある種の旅行病者が一所に長くはとどまっておれないというのに似ている。変化の流れに乗ってしまったときの新鮮味と速度感という心理の律動が続いているかぎり、ニヒリストに自己を蔑視する暇がなくなる。その意味でニヒリストは、変化のただなかでならばユーフォリア、つまり「多幸症者」にすらなれる。いいかえると、ありとあらゆるつまらぬ事柄をその場かぎりの幸せの種となしうるのである。しかし「変化それ自体」はパンドラの箱にほかならない。ひとたび蓋を開ければ、晩《おそ》かれ早かれ、多種多様な災厄が身に降りかかってくるのだ。妻は不倫に走り、娘は少女売春に向かい、息子は浮浪者狩りに精出すというふうにである。また自分が企業から馘首され、自分たちの国家が滅び、自分たちの子孫が飢えるというふうにである。そこであわてて、さしものニヒリストたちも「変化それ自体」と名のついた箱の蓋を閉めるのだが、パンドラの箱の喩《たと》え通りに、最後に閉じ込められるのは「希望」である。つまり「意味による意味への問い」という人間にとっての本来的な営みだけはニヒリストのあずかり知らぬところとなる。そこで、ニヒリストは、数々の災厄に出会った挙句《あげく》に世界と自分の破局が早めにやってきてほしいと希望するようになるのだ。つまり、「破局待望論」へと至るのがニヒリストのいつも辿《たど》る道筋なのである。

II　論理なき言葉

今や、数学とそれにもとづく物理学がついに巨大な技術の体系を生み出し、その極度に形而下的な体系が完成せる形而上学として人間の精神世界に君臨しはじめた。つまり、技術が先験的な地位に据《す》え置かれ、人間の経験の総体が技術によって基礎づけられ、枠づけられ、そして方向づけられている。そうであるならば、科学と技術をつらぬくはずの論理性が人々の脳髄をまで支配していると、誰しもが予想するであろう。しかし技術知は、そして科学知も、思われているほどには論理的ではないのである。ただし私は、（数学的論理の内的矛盾を基礎的な次元で証明した）いわゆる「（クルト・）ゲーデル★57の定理」などを持ち出して、科学と技術が論理的に無根拠であると騒ぎ立てようというのではない。科学のエクスペリメンタル（実験的）な性格と技術のポジティヴ（実証的）な性質とを通して介入してくるエムピリカル（経験的）なものには非数学的な複雑さがはらまれている。そのことに気づくなら、科学・技術の先験主義的な気取りを許しておくわけにはいかない。私の指摘したいのはそのことである。

実験あるいは実証のために、経験に適合するような（と思われる）様々な想定がほどこされる。つまり（仮説の演繹《えんえき》においては）「諸仮定」が、そして（仮説の検証においては）「諸資料」が持ち込まれる。しかしそれらの諸仮定や諸資料のあいだに論理的な整合性が保たれているかどうかということになれば、何の保証もないのである。一般的には、経験とのコヒアレンス（一貫性）という条件によって、当該の仮定や資料が妥当か否かが判定されているだけのことである。ここで科学・技術は数学の論理の世界から一歩外に踏み出している。つまり「経験の論理」とでもいうべきものを彫琢《ちょうたく》していかなければ、経験一貫性の条件について何一つ論理的な議論を展開できないということになってしまうのである。

これは科学・技術においてのみ出来《しゅったい》している事態ではない。社会「科学」・人文思想においても、哲学・文学においても、ロゴス（言葉）のロゴス（論理）は経験一貫性から離れることができない。経験一貫性から離反してしまったような言葉は、結局のところ、ヒストリー（歴史）のなかに、ストーリー（物語）として定着できないどころか、滞在することすら叶《かな》わぬということになる。非数学的な論理は、経験の大地からいくら跳び上がっても、いずれは、その大地の引力によって、経験へと連れ戻されるのだ。いや、あまりに高く跳び上がったものは、墜落の衝撃で粉々になるのが落ちである。

古代ギリシャにあっては、ミソロゴス（論理への嫌悪）は、イデアの想念によって示されるような真理の探究を無駄な努力とみなした。しかし今では、理論は経験との照応を求められている。理論の論理と経験の論理はその構造において相同でなければならないというのに、経験の論理について無関心のままでいると、経験が理論によって人為的に加工され、そのように加工されることによって両者の照応が確保されるほかなくなる。それがつまり、「技術の支配」にみられるような、理性至上主義の状態なのである。

経験の論理は理性と感性の双方に射程を及ぼしている。それはローマン・ヤコブソン★58が指摘したように、人間の言語の在り方そのものに由来する。ヤコブソンによれば、人間の言語は、自分の内属する世界を、メトニミー（換喩《かんゆ》＝たとえば「王冠」で「王」を表わすように、あるものをその部分によって表わす方法）によって「事実」として押さえるとともに、メタファー（隠喩＝たとえば「ライオン」で「王」を表わすように、あるものをそれと類似した全体によって表わす方法）によって「理念」として捉えるのだ。つまり言葉の論理は、コンティギュイティ（換喩においてみられるような物事の隣接関係）とシミラリティ（隠喩においてみられるような物事の類似関係）という二元軸からなる精神の次元に、世界を投影する。

経験とはその投影の仕方のことにほかならない。そして前者の軸が理性的表現に傾き後者の軸が感性的表現に近づくことはいうまでもない。

隠喩、理念そして感性のはたらきを論理化することはたしかに至難である。だから経験の論理などは構築されようがないと理性至上主義者はいう。しかしすでに述べたように、どのような理論も、その前提（公理、公準、仮定）のおき方において、感情の助けを借りている。そうであるならば、過去の（ましてや歴史の試練に耐え抜いてきた）諸理論には、経験の大地に生育した諸感情が隠伏《いんぷく》しているとみなすことができる。それゆえ、それぞれ理論の位置関係を包括的に解釈できるような統一的な概念構成を——もちろん仮説として——描くことができるならば、それは同時に、諸感情の相互関係を仮説として解釈したことになるのではないか。それが私のいう「感性の論理（の少なくとも基礎）」である。それは当然のことながら「（諸理論を包括する統一的な概念構成としての）理性の論理」と表裏一体になっている。

いささか面倒な話になってしまったが、私がいいたいことを一言でいえば、過去の知見を広く「解釈」することによって「経験の論理」の概要が把握されるであろう、ということだ。社会「科学」および人文思想のことを念頭においていうと、ニヒリストは生き方において、「ニル・アドミラリ（何事にも驚嘆すること勿《なか》れ）」と構えている。彼らは過去を忘却し、その結果、自我への愛にしがみつくほかなくなる。しかしそれは、自己という名の憂鬱の壺の底深くに転落することでしかないのだ。

そのことを警戒してニヒリストは、目前において威を張っている（特定の）理論と感情にたいしてアイロニー（反語）をとめどなくぶつけはじめる。他者への攻撃によって自己の空白を埋めようと算段するわけだ。彼らは、個別の理論が持つ権威を相対化する術《すべ》をよく心得ている。だから、何らかの理論を適宜《てきぎ》に（しかしひそかに）選んで移動砲台となし、そこから既成の権威を撃ちつづけるのだ。しかし、それは別の権威を主張することではけっしてない。アイロニーの語義通りに、ニヒリストは「無知を装う」のであり、何が権威であるべきかについては口を噤《つぐ》んだままである。

いうまでもなく、それはソクラティック・アイロニーとは異なる。なぜなら、ソクラテスは「無知を知る」ことから出発する。つまり、「真理が何であるかを自分は知らないということを自分は知っている」という前提にもとづいて、真理を知っていると称しているものたちの欺瞞《ぎまん》を暴くのであるが、しかしそれは真理に近づかんがためである、というのがソクラテスのやり方であった。それにたいしニヒリスティック・アイロニーは、真理にかかわることを拒否するのである。ある理論を砲台に選ぶのは、それが標的である似非《えせ》の真理を爆破するのにたまたま便利であるからにすぎない。したがってその言葉遣《ことばづか》いにあっては、アイロニーよりもサーカズム（嘲弄）が多用されるわけである。嘲弄を免れるのは、どの砲台にあってもつねに変わらぬ砲手、つまりニヒリストたる自分だけということになる。

この攻撃の過程には論理というものがない。ニヒリストは、自分の利用したあらゆる理論が（解釈の）論理によって繋《つな》がれている可能性があることを理解しようとはしない。もしそれが理解されたならば、そこに浮かび上がってくるのは、人間および社会の在り方の、しかも事実の次元と理念の次元の双方にかんする輪郭図であろう。だからそれは、事実としては解釈者の自画像となり、理念としては解釈者にとっての道徳律となろう。とすれば、それを嘲弄するのは自己を抹殺することにほかならない。自己を抹殺した人間は、たとえニヒリストであろうとも、他者を嘲弄するのをやめて、みずから沈黙に入るのが道理というものではないのか。

論理を多様な感情と多種の理論を含みうるようにコムプリヘンシブ（包括的）にすること、そしてそれを認識それ自体へのコムプリヘンション（理解）に活かすこと、この作業がなおざりにされてきたせいで、現代人の意識はニヒリズムにはまったのである。現代のミソロゴスはその意味での「論理嫌い」である。したがって現代人がどれほど多弁になろうとも、それは「失理症の現れ」とでもよぶべき論理の欠落をみせつけている。その多弁が賢《さか》しらにしか聞こえないのは、それら一つひとつの弁説を連関させる論理の鎖が欠けているためである。だから、ひどいときには、それらの弁説が互いに相手を嘲弄しているということすら起こりうるのだ。

たとえば、昨日の弁説が民主選挙を礼賛するものであったのにたいし、今日の弁説はそのようにして選ばれた指導者を民主主義の名において罵倒することである、といった有り様になっている。また、今日の弁説は市場競争の効率性を称《たた》えているのに、明日の弁説は市場競争の残酷さを批判するということになる。またたとえば、明日の弁説は社会的慣習による個人的自由の抑圧を批難するであろうし、明後日の弁説はそれによる社会の安定化を褒《ほ》めるのであろう。さらにたとえば、一昨日の弁説は宗教を阿片と断罪したが、昨日の弁説は宗教なければ幸福なしと訴えるものであった。これら日常茶飯にみられる言葉の紊《ぶん》乱《らん》は、感情の論理を内包する「経験の論理」によって「理論の論理」が裏打ちされていないことに起因する。

念のため付言しておくと、「経験の論理」は想像力に満ちた文体や抽象性に溢れた文体を否定するものではない。また反語的な修辞や嘲弄的な修辞をも許容するものでもある。なぜなら、経験のなかにはそのような文体や修辞が堆積されているのだからである。私のいいたいのは次の三つのことだ。一つに、表現のオリジナリティ（独創性）とみえるもののオリジン（源泉）を探れば、それはかならず自己の経験のなかにあるということ。二つに、その自己の経験は、それが言葉という社会的にして歴史的な媒体によって綾成されたものであるために、かならずや社会の慣習や歴史の伝統をめぐる人々の共通の経験に繋がっているということ。三つに、それらのすべてを乗り超えようとする独創にしてすらが、経験のなかに含まれている独創の表わし方にかんする蓄積を、参照せざるをえないということ。つまり、経験に背を向けた独創は、晩かれ早かれ、独創の根を断ち切らずにはいないのである。

Ⅲ　故郷なき言説

論理はどこまで追っても仮説として架設されたものにすぎない。経験の論理にしても、経験という名の混沌を象《かたど》り色づけするための前提の布設であり推論の組み立てであるにすぎない。だが経験の論理は、その論理の鎖が次第に延びてくるにつれ、経験というものの核心に近づいてくる。自分の経験がそこから出発した精神の故郷の在り方が少しずつ了解されてくる。そしてその故郷は、逃げ水のように、自分が近づくにつれ自分から遠ざかっていくような種類のものである。しかし、そのゆらめく故郷の像こそが現存する自分の姿の原基であるに違いない、という得心が故郷を思うものの心に少しずつ湧いてくるはずだ。

経験の論理は、理論の論理において前提されている「意味づけの規則」の根源は何か、を問うに当たっての解釈の論理である。ふたたび社会「科学」と人文思想のことについていうと、人間・社会についての「解釈の規則」を求めるのが経験の論理だということだ。その追究を深めていくと、次第に、いくつかの意味素（つまり一切の解釈の元となるような意味）の連関としての原解釈構造のようなものがあると思われてくる。そして、これまでの様々な言説はその原構造の分化の産物として位置づけられることになる。そうであるなら、その原構造は（仮説されたものにすぎないとはいえ）、実在（真理）をとらえるための解釈規則としての資格を持つであろうとの思いが深まるわけである。それは、確信には至り着けないものの、その間近にいるような思いである。その感覚が意味のコスモスにおけるいわば「故郷への帰還」なのだ。

「故郷」という言葉には、日常性の充満といった意味が込められている。変わらぬ風土、変わらぬ生活、変わらぬ言葉といったふうに故郷は不変の日常性によって包まれている。そうであればこそ、故郷への帰還はその帰参者をして寡黙にさせるのだ。ではいったい、諸理論への解釈というきわめて非日常的とみえる営みがいかにして日常性の中心へと帰り着くのであろうか。それは、日常性のただなかから抽出されたもの、それが諸理論の前提であると（解釈によって）見抜かれるからである。

たとえば、貨幣・資本にせよ権力・階級にせよ、役割・慣習にせよ道徳・宗教にせよ、理論にとっての基礎的な概念は、社会「科学」や人文思想の場合、おおよそすべて自然・日常言語からとられている。それがいかに人工・科学言語の装いを与えられようとも、それらの概念の中心的な意味は日常言語によって与えられている。またそうであればこそ、フッサールの「生活世界へ還れ」という科白からも推察されるように、それらの諸概念にかんする人々の共通理解が（生活世界を通じて）保証されるのである。「科学」と思想は、その意味体系が根源的に解釈されていくならば、日常性の根底へと漸《ぜん》近《きん》していかざるをえない。そのことを洞察するのが故郷感覚である。その点で近代主義的な「科学」と思想は、それ自身の根源的な意味を問うことをしないという専門主義の陥穽に落ちたせいで、日常性の次元から離れていくばかりであった。それどころか近代の「科学」と思想によれば、その概念と生活の遊離をもたらしたのは日常生活における前近代的な歪《ゆが》みである、などと見下される。さらには、「科学」と思想によって日常生活を抜本的に改革せよ、とまでいわれてきたのであった。その工作が功を奏して、安定した日常生活が破壊され、その結果、「庶民」というものが姿を消したのである。日常性の次元にどっかと腰を下ろし、尊敬に値する落ち着きをみせて暮らしていた「庶民」が、「科学」的および思想的な情報を大衆教育や大量情報を通じてたっぷりと仕込んだ結果、「大衆」になりはてたのである。このように「故郷」を喪失した擬似知識人としての大衆が、「故郷」を破壊した擬似大衆人としての知識人と連携して、この時代を高度大衆社会たらしめている。

故郷を失ったものたちに待ち構えているのは過去の忘却であり、現在への退屈であり、未来への焦燥であり、そして自己への不安である。それらへの反動として、故郷への憧憬が、大衆人の底辺にまだかろうじて残っている庶民性の心理から立ち上ってくる。しかし、今や故郷は帰還しうる場所ではなく探索すべき場所になってしまっている。そしてそれを探索するのが容易な業であるはずがなく、したがって、大概の大衆人（および知識人）は故郷を憧憬することにすら忘却、退屈、焦燥そして不安を覚えることになる。

事態がそうであるならば、「原解釈構造」を、意味の根源へと遡及《そきゅう》する精神の旅の果てに遠望されるもの、などとみてすましているわけにはいかない。より積極的に、人間・社会にとっての意味とその解釈が日常性の次元においていかに「発生」するか、を説き明かす必要がある。しかし何事についてにせよ発生論は、言語起源論にその典型をみるように、認識にとって躓《つまず》きの元となる。すでにみたように、言語によって言語の源を探るという解釈学的循環が必然的に生じるからである。そこで、その循環にいかに「正しく入り込む」（ハイデッガー）かが問題なのだが、その正しさは、意味・解釈の総体を人々がコムプリヘンド（総合的に理解）できるような発生論的仮説を提出するということによってしか証明できないであろう。

それに正面から取り組んだ唯一のものというべきはパースのプラグマティズム（実践主義）であった。しかしそれはアメリカ思想史においてプラクティカリズム（実用主義）にたちどころに堕落させられていった。パースを蘇らせること、つまり理論の前提が人間の日常的な「実践」のなかからいかに形成されてくるかを考究することが焦眉の課題だと思われる。すでに発生し発展した意味の体系を日常生活にたいする実際的な効果という見地から解釈しようとするのは実用主義にすぎない。そんなものは、この「技術の支配」が実用性の思想によってもたらされたことを思えば、むしろ排撃すべき考え方だとわかる。パースの認識論は、認識の発生源が人間の実践の地平に穿《うが》たれていることをいわんとするものだ。しかもそれを（科学的な）理論と接合させる方向で、つまり記号論を構築する形で論じている。

パースのやり方がすべてだなどといいたいのではない。「故郷」というものを語るについては多面多層の取り組みが必要となる。一つに、「故郷」は文学的な浪漫の方向でも語られるべきである。それは我々の情念の出所を示唆《しさ》してくれるからである。二つに、「故郷」は歴史学的な考証としても語られなければならない。それは我々の暮らしの原型を教えてくれるからである。三つに、「故郷」は思想の系譜学としても語られる必要がある。それは我々の考え方の基底を明るみに出してくれるからである。四つに、「故郷」を社会「科学」への解釈として語ることも必須である。それによって我々の社会制度の基本的な骨格が浮き彫りにされるからである。五つに、「故郷」を認識論の組み立てとして語るのも不可欠である。それによって我々の個人意識と社会意識の原像が浮かび上がってくるからである。

「故郷」を失うのみならず、それを探すのを拒否するのがニヒリズムである。そういうニヒリストにできるのは、雑多なデラシネ（根無し草）の言葉のあいだを跳びはね、ついには疲れはてて、空洞と化した「自己」という名の殻のなかで茫然と立ち尽くすことだけである。ニヒリストは、自分の今日の言葉と対立する別の言葉を自分は明日に吐くであろうと予告し、だから自分の今の言葉には意味がないのだと断言し、ましてや自分がこれまでに表わしてみた様々な意味を解釈するのは無駄な努力だと放言する。そういう狼藉をはたらくのを常とするニヒリストは、故郷喪失者および故郷からの逃亡者に常なる形態の死を、つまり言葉の荒野における行路病者の死を迎える破目になる。

現に言葉の荒野が、まずマスメディアにおいて言葉の意味が平板化され貧血化させられるという形で、次にその情報媒体がグローバル化（世界規模での大域化）されるという形で、進行している。たとえばアメリカ文明は、「高度情報化」という言葉のバブルで世界の資金を引き寄せ、それによって株式バブルを生じさせている。そして株式バブルが破裂するにつれ、（度外れのスキャンダルが頻発するといったような形で）情報バブルもまた崩壊する。かかるアメリカ的な現実が世界に広く拡散しているのが二十世紀末および二十一世紀である。それは、現代人の精神の内部において深まりゆく言葉の荒廃が地球大に拡大された光景にほかならない。故郷なき言葉が地球そのものを人類の故郷には値しないものに変質させつつあるのである。

Ⅳ　言葉の小児病化

ニヒリストの言葉は、相対主義を振りかざして様々な言説のあいだを（状況適応的に）移動しているあいだは、おおむね華麗な雰囲気を醸《かも》し出す。彼のウィット（機知）とサーカズム（嘲弄）によって、既存の言葉はなべて「凡庸の道徳」にもとづいていたにすぎない、という印象が人々のあいだに広められる。そのかわりに彼が提起するのは、シェストフにならっていえば、「悲劇の道徳」である。たしかに、信じうるもの、望みうるもの、愛しうるものなどは何もないという悲劇の感覚も、ある程度において、道徳でありうる。というのも、それは、悲劇のフォルトゥナ（運命）のなかで生き抜くにはヴィルトゥ（力強さとしての徳）が必要である、というマキャヴェリアンの姿勢を強化してくれるからである。

しかしヴィルトゥは、それが意志の力であるにせよ認識の強さであるにせよ、悲劇の感覚のなかでは育ち切れないのである。すでに述べたように、意志は理念の力によって最も強く牽引され、認識は伝統の力によって最も確かに支えられる。理念や伝統に信望愛を寄せたくないと構えたニヒリストの「徳」は、つまるところ、自己過信という不徳に堕《お》ちるしかない。信望愛に達することができないという自分の非力に運命を感じる場合ならば、悲劇に運命を見出すのとは異なって、理念や伝統に信望愛を寄せたいという願望が生まれうる。つまり、自分の非力さを補うには理念や伝統の助けが必要であると謙虚に構えるのである。

「悲劇の道徳」はシェストフが予想したほどには強力ではない。むしろそれは、道徳としての位置を（伝統不在のために）曖昧にし、また道徳としての運動を（理念放棄のために）脆弱《ぜいじゃく》にする。その挙句に、悲劇の感覚に馴れ親しんだニヒリストは、奇妙なことに、どたばた喜劇の役者に変じるのである。つまり、「つまらぬ気晴らし」で時間を過ごす以外になくなるのだ。ニヒリストの数がかくも厖大に膨《ふく》れ上がっているのに、世間にスラップスティックが溢れ返っているのは、そのせいである。

この状態をヨハン・ホイジンガ★59は「ピュエリリズム（小児病）」とよんだ。ただしそれは、生理的小児病としてのインファンティリズムとは何の関係もなく、あくまで文化的な幼稚症のことをさす。文化的小児病には次の二つの特徴がある。一つは、「聖的な感覚」の喪失であり、二つは、「厳格な規則」の消失である。ホイジンガの場合、「あそび」のピュエリリズムが問題だったのであるから、それは、日常生活のなかに「あそび」が浸透してくることであり、そしてその「あそび」が規範のないものになっていくことであった。逆にいうと、ピュエリルならざる真剣な「あそび」は、（たとえば宗教的儀式のような）非日常的な場面において、厳格なルールやマナーにもとづいて遂行されるということだ。

「あそび」の文化的小児病がニヒリストの大群によって担われていることについては論及

するまでもないだろう。議会、市場、広場そして家庭がスラップスティック・ショウの劇場になっているのは周知のとおりだ。政治の議論も経済の取引も、社会の流行も文化の祭典も、なべて、どたばた喜劇の様相を呈しているばかりか、スポーツや芸術のみならず、戦争や革命までもがピュエリリズムとして演じられている。そして、なぜそんなつまらぬ気晴らしに喜びを見出せるのかと彼らに尋ねると、喜びから見放された時代に自分たちは生きているから、というニヒルな答えが返ってくるばかりである。

たしかに、一般に「文明」とよばれているこのどたばた喜劇に楽しみを覚えているものは少ない。その喜劇の役者も観客も、よくみれば不機嫌に沈んでおり、それゆえ、暴力が「どたばた」にとって欠かせぬ要素になってもいる。彼らの顔相には、他者を理解したくもないし他者から理解されたくもない、という孤立者の気配が強く漂っている。というより、自分の孤立の姿を自分の眼でしかとみてみたいものだという黙約の上に、人々はどたばた喜劇へと参加してくるのである。そんな不快な気分を早めに終わらせるために、人々が自分の死の到来の早からんことを願っているのかといえば、むろんそうではない。彼らに理想というものがあるとすれば、それは「不老不死」のみである。孤立していることの不快が永続するようにと望む、というこのパラドキシカルな生の形はいったいどこから生まれてくるのであろうか。

それには二つの理由が考えられる。一つは、その不快が何らか具体的対象にたいする不快ではなく、生きていることそれ自体につきまとう不快だとみなされている点である。具体的な対象にかんする不快ならば、その対象を取り除こうとし、そしてそれが絶対に取り除かれないとなれば、死を願望するということになりもしよう。しかし現代人の不快は、自意識が、理念へと方向づけられることも伝統に繫留《けいりゅう》されることもなく、裸のままで投げ出されていることからくる孤立感である。そして何十年間かそのような自意識を抱えていれば、具体的に手の打ちようのないものとしての孤立という不快感は、ちょうど生得の疾患と同じように、生の根本条件をなすとみなされるようになる。

二つに、理念や伝統という自意識にとっては外圧的なものが念頭から追い出されているため、「自己」が自意識の外に出られないという点である。要するに、理念に殉じて死ぬとか伝統に従って死ぬとかいうような精神の回路が閉じられているということだ。一般的にいうと、自意識の閉鎖性のために死ぬことの（それゆえ死に向かって生きていることの）目的というものがなくなったので、生命という（自意識あるものとしての人間にとって）元来は手段であったものが目的にならざるをえなくなったのだ。

妙な言い方だが、死を最も真剣な「あそび」とみなすのが人間の本来性であろう。「聖的な感覚」の最たるものが必要になるのは死の選択においてであり、「厳格な規則」の最たるものも、いかなる死の形を選択するかに当たって要求されるものだ。死は、生理的に眺めれば、最高の不快と意識される。ところが、死を目的次元に据え、さらに死の形態を具体的に考察することによって、自意識に穴が空けられることになる。そこで人間は、閉じられた自意識のなかで不快を生の根本条件とみなしつづける、というような生き方をしなくてすむことになるのだ。

真剣な「あそび」における意識の神聖性と規則性は、その孤立性の対極にある。神聖性は人々の共感する超越次元への眼差しにかかわり、規則性は人々の共有する世俗次元への気遣いにかかわる。それらは、人の意識の孤立感が野方図に拡大するのを防ぐべく、人々が歴史のなかで共同して、死活の覚悟で作り出した虚構である。この虚構によって、死という生理的不快の根本因が精神的快楽の基本条件に転化させられたのである。ところが、この精神文化の根幹をなす虚構を取り払ったのであるから、「文明化とは野蛮化のことだ」といってもさしつかえないのである。

だが、人の自意識は否応もなく成長する。その成長につれて、神聖性の精神次元は「合理の意識」によって疑われ、規則性の精神次元も「自由の意識」によって揺るがされる。だから、真剣な「あそび」が退潮するのはまったく必然の成り行きだと認めざるをえない。私のいいたいのは、それを認めることと「あそび」の文化的小児病を歓迎することとは別だということである。喪われゆくものを記憶にとどめるのは人間の「合理」にも「自由」にも抵触しない。それどころか、喪われゆくものの面影こそが「合理の前提」となり「自由の基礎」となるのである。合理が「技術の支配」をもたらし、それと一体になって自由が「放縦《ほうじゅう》の支配」に帰結するようなとき、人間は合理の前提と自由の基礎を問い直さずにはおれなくなる。実際にそうしてみれば、喪われたとばかり思っていた神聖性と規則性の意識がいまだ命脈を保っていることに気づかざるをえないであろう。それに気づこうとしないことをさして「文化的小児病」とよぶのである。

★57　クルト・ゲーデル［Kurt Gödel 1906-78］チェコに生まれたアメリカの数学者・論理学者。記号理論の方法で記述された数学的論理の定理である「完全性定理」「不完全性定理」を提唱。とくに後者の定理は有名で、ある体系の中で証明することも否定することもできない命題があることを証明し、数学の理論の内部矛盾を基礎的に証明した。主著に『不完全性定理』『選択公理と一般連続体仮説』など。

★58　ローマン・ヤコブソン［Roman O Jakobson 1896-1982］ロシア生まれのアメリカの言語学者。プラハの言語学サークルを創設し、ロシア・フォルマリズムの理論的指導者となった。有名な詩的言語論は言語機能の多重性を重視し、隠喩と換喩の関係を捉えるなど、今日の詩学・言語学・記号論などに影響を与えた。同時代のさまざまな芸術や映画などに関する著作もある。主著に『言語学と詩学』『一般言語学』など。

★59　ヨハン・ホイジンガ［Yohan Huizinga 1872-1945］オランダの歴史家。歴史における非合理的要素の役割を高く評価し、文化史や精神史の領域でユニークな業績を残した。人間を「ホモ・ルーデンス（遊ぶ人）」と捉え、遊びのルールの内から、非日常的で利害にとらわれない自由な精神を説いた。しかし同時に、遊びのルールを無視する者を「文化的小児病」として批判した。主著に『中世の秋』『ホモ・ルーデンス』など。

終章　破局について
記号の暴走

I　ニヒリズムによる破壊

ニヒリストの生は破局に向かってまっしぐらに進む。ネガティヴィティ、つまり「否定性」の哲学は、少なくともそれが「主義」にまで高められるとき、つねに破局を迎えるのだ。（価値や認識における）相対「主義」は、その主義自身をも相対化せざるをえない。だからといって絶対「主義」に逆転するのは相対主義の建て前によって禁じられているから、残るのは沈黙のみ、つまり何事についても言明を避ける、ということになる。虚無主義についても然《しか》りであって、その主義にたいしても虚無を抱けば、まさか理想主義には反転できない以上、痴呆のごとき無気力な精神状態に陥《おちい》るほかないのである。

そうした自己抹殺を回避するために、ニヒリストは虚無感の新しい対象を次々にあくなく探し求めるのだ。いいかえると、ニヒリストたる自己を守り抜くために、自己以外のものを否定しつづけるということである。これは要するに「破壊主義」である。ニヒリズムを能動的なものと受動的なものに分けるのは実は不正確なのであって、「対象を（批難や嘲笑によって）積極的に破壊するニヒリズム」と「対象を（無関心や離反によって）消極的に破壊するニヒリズム」とがあるというべきであろう。

いずれにせよ「破壊」がニヒリズムに浸《ひた》った現代の主調音である。そこに「創造」があるようにみえても、それは、新たな破壊の手段を創り出すという形においてであることが多い。「維持する」ことは現代において評判の悪い言葉の一つであり、したがってコンサーヴ、つまり「保守する」という言葉もどちらかというと好かれてはいない。せいぜいのところ、破壊主義の現状を、というより現状破壊の規模と速度を保守する、というような場合にその言葉が肯定されているにとどまる。伝統の本質を再現させてそれを保守するというのは、旧套墨守《きゅうとうぼくしゅ》として蔑まれている。「変化による利益と損失については、後者が確実に生じるものであるのにたいし、前者はその可能性があるにすぎない」（オークショット）、それゆえ「変化の速度は急速なものよりも緩やかなもののほうが良い」（同）という本来の保守的姿勢は現代にあってほとんど化石扱いを受けている。そればかりか、本来的に非保守的な国であるアメリカの（間違った）語法に従って、個人的自由主義で歴史を破壊するのを「保守的」とよぶ連中が増えている始末である。

オークショットにさらにならっていうと、一様な原理によって統御される人々の結合としてのウニヴェルシタス（世界体）の創造によって、多様な市民の自発的な連合としてのソキエタタス（社交体）が破壊され、世界体におけるデモンストレーション（指示）とマネジング（経営）による政治が、社交体におけるデリベレーション（協議）とルーリング（統治）による政治を破壊したということである。このように普遍的なものがめまぐるしく創造され、特殊的なものが加速度的に破壊されている。これがなぜ虚無主義であり破壊主義であるのか。それは、特殊性を抜きにしては意味をなさない人々の生の「経験」というものに、虚無を差し向けているからだ。また、そのかわりに持ち出される（たとえば人間の合理性といったような）普遍性に満ちた「理論」が「経験」を破壊するからである。

前世紀から今世紀にかけての時代が虚無的で破壊的であることは論を俟《ま》たない。それは、ロシア型のにせよアメリカ型のにせよ、「世界体」の形成運動が休みなく続けられてきたということをみれば、直ちに理解できよう。前者にあっては「計画」、そして後者にあっては「自由」というそれぞれ普遍的な原理が、合理という普遍的な基準に適合するとして、もてはやされてきたのである。しかし、それらが理想であったのは束の間で、「社交体」にたいする「革命」が遂行されるやたちどころに、「原理」それ自体がまるで機械のシステムのように稼働しはじめた。計画の原理や自由の原理が形而上学の地位に登り、人間の生という形而下的なものはこの前に拝跪《はいき》するよう義務づけられた。しかもそれが人間性（とくにその合理性）の発揚として称賛された。だから人々は、自分の生を虚無とみなすことにし、また計画や自由のシステムにそぐわないような生があれば、それを破壊するのがヒューマニズムだと思うことにしたのである。生への虚無と破壊、それが人間中心主義だというのだから恐れ入るほかはない。

これは誇張した描写ではあるが、ともかく、現代における「合理的システムの勝利」は歴然としている。それを進んで容認するような態度には「虚無主義」の形容がふさわしいし、それによって数々の社交体が粉々にされるのを歓迎するような態度には「破壊主義」の名前を与えて当然なのである。その結果として生じたのは、「人間の記号化」とでも称すべき事態である。人間の言動の一つひとつが、「合理的システムの作動にとっての意味」という観点から評価され秤量《ひょうりょう》されることになった。そのせいで、合理的システムの効率性を測るのに最も適した情報媒体に、つまり「貨幣」に、前代未聞の水準で重きがおかれることになったのである。

貨幣によって司《つかさど》られる合理的（技術的）なシステムの建設にあって、社会主義が個人主義に劣り、民主主義が専制主義に勝ることが明らかとなった。そこで、前世紀末、資本主義的市場経済と自由主義的民衆政治との勝利が宣せられたのである。前者における情報媒体が「貨幣」であることはいうまでもないが、後者における「世論《せろん》」という情報媒体も擬似貨幣的なものにすぎない。世論には貨幣におけるように（代表的人物像や金額数字といった）単純な印刷がほどこされており、世論は貨幣のように簡単に流通し、世論は、その虚無と破壊の気分を、貨幣の蓄積におけるのと同じように累積させる。そうであればこそ、「世論に聞け」という政治的命令と「市場に聞け」という経済的指示とが同時に、あるいは交互に、「システム」によって発せられているのだ。

市場主義と民主主義はともに合理的なシステムである。両者とも人々の「欲望」を処理するのに最適な技術的体系である。なぜ技術的かというと、経済的欲望が技術に適合するように、また政治的願望が世論（という技術化された精神）に適応するように、それぞれ鋳《い》型《がた》にはめられているからだ。そこでは人間は、システムにとっての何らか宛てがわれた機能を担うべきものとして、まず事物化され、次には事物としての具体性をすら剝奪《はくだつ》されて記号化されている。その機能もまた「意味」であることは確かである。しかし、それ自身への問い（了解と解釈）があらかじめ封じられているような「意味」は、要するに「疎外された精神状態」の謂《いい》にすぎないのである。

では、これらのシステムの合理性とは疎外の完成ということなのであろうか。短期的な視野でみればその通りである。しかし長期的にみれば、その疎外の形式は完成には程遠い。蓄積された記号（経済における貨幣資本と政治における反体制気分）が記号のシステムに襲撃を仕掛けるのである。貨幣資本は投機資金となって市場機構を攪乱する。反体制気分は、みずからの選出した指導者を引きずり降ろし、みずからの選定した制度を混乱させる。つまり、人々の「欲望」は技術化されてはいるが、それがまぎれもなき疎外であるために、その欲望には虚無と破壊の衝動（といいたくなるような傾性）がとりついているのだ。

現に、我々の眼前で、「システム」はカタストロフィ、つまり「破局」に向かって進んでいる。破局というのが言い過ぎだとしても、弥縫《びほう》し難き大きな亀裂がそのシステムの随処に走っていることは疑いようがない。いや、弥縫の仕方についての有効な策がこの記号システムに何一つ内蔵されていないということを思えば、それはやはり破局なのであろう。「記号システム」からせめて一歩なりとも離れ、そうすることによって「記号システム」を解釈するための地歩を得ること、そこにしか破局にたいする防波堤は築かれないであろう。

Ⅱ　資本主義の袋小路

市場機構そのものは人類史における偉大な発明品の一つである。それに対立するものとしての計画機構は、とくに情報の生産・交換・消費の効率において、市場機構にはるかに遅れをとっている。しかし、すでに指摘したように、マーケット・フェイリュア（市場の失敗）もまた遍在《へんざい》している。通常に指摘されているその失敗因はおおよそ三つであって、第一に「将来の不確実性が強い場合」、第二に「規模の経済（つまり大規模生産の効率性）が大きい場合」、そして第三に「公共財（つまり人々が集合的に消費する財）が重きをなす場合」に市場機構は効率的たりえないのである。第四の要因として「市場の均衡が不安定な場合」も挙げられるが、それは以上の三つの場合から派生した結果であることが多い。

市場の失敗がはっきりと認識されているにもかかわらず、なぜ市場機構への礼賛がかくも高まるのであるか。それには二つの理由があって、一つは、政府（あるいは計画）機構もまた失敗をあらわにしているという点である。その政府の失敗を撃つべく、（民衆の政治的決意への「参加」に依拠する形での）「準市場」的な解決が図られている。つまり「情報公開」や「独占禁止法」や「地方分権」の制度を強化することによって、経済の在り方をできるだけ競争的にしようというのである。いいかえれば、「世論の声」を経済に直接的に反映させることによって、「市場の声」を補強しようというわけだ。

準市場の失敗と政府の失敗とのいずれが深刻であるか。これについては論証も実証もされてはいない。しかし市場礼賛のイデオロギー的な基礎の一つである個人的自由主義は今も広く受け入れられている。そうであるならば、政府よりも準市場が、少なくとも世論の建て前として選ばれることになる。そして経済における個人的自由主義の礎石となっているのは、「私有財産制」にもとづく「個人的自由選択」ということである。逆にいうと、民主主義なるものは政府批判において発揮されているだけのことであり、いかにして「政府の成功」のために尽くすか、という形での民主主義は息も絶えだえなのだ。政府の公共政策を成功させるために「私有財産」と「個人的自由選択」に制限を加えることなどは、大衆民主主義にあって最も忌み嫌われることの一つとなっている。

しかし、「私有財産制」と「個人的自由選択」は、すでにみたように、活力の低下に見舞われている。いやその活力は、マモニズム（拝金主義）の一点に絞り込まれつつあるという意味で、病気に罹《かか》りつつある。ここでマモニズムというのは、（経済財をめぐる生産活動や消費欲望から遊離した形での）貨幣利得と資本蓄積のひたすらなる追求ということをさす。これこそが集団心理的あるいはイデオロギー的な意味での資本「主義」にほかならない。

資本「主義」がいわゆるカジノ・キャピタリズムに傾くのは理の当然である。そして賭《と》博《ばく》資本「主義」の活力は、貨幣・資本市場におけるバブル（泡立ちのような狂乱状態）が崩壊したあかつきには、おびただしく低下する。現にその過程が、世界恐慌として、開始されつつある。「私有財産制」と「個人的自由選択」という人類史の英知がいわばモラル・オブソレッセンス（道徳的摩滅）に逢着しているのである。つまり、私有財産を貯えることや市場選択に精出すことの道徳的な意義が失われ、そのために市場機構が（晩《おそ》かれ早かれ自己破産するに決まっている）マモニズムとしての資本「主義」に汚染されつつあるということだ。

いまや、マーク・トウェイン★60のいったギルデド・エイジ、つまり「鍍金《めっき》された時代」がかつての何層倍の規模で再来しているのではないだろうか。いやそれどころか、剝がれた鍍金が飛散してキラキラと輝いているのに幻惑されているのではないだろうか。空中に浮遊する鍍金の破片群を楼閣とみなし、それを時代の姿と錯認《さくにん》している。だがその資本「主義」の無残は（マルクスの指摘した）経済法則的な矛盾なんかではない。それはあくまで主観的な、拝金主義の賭博をめぐる個人心理の、拡大や収縮に由来するものである。

資本「主義」は破局に向かって進んでいる。そのことを多くの人々が強く予感している。しかし国有（正しくは政府所有）財産制や統制経済にもとづく社会主義の破局はすでに実証済みである。そうであってみれば、資本「主義」の破局をあえて「選択」するほかに途《みち》はないのではないか、と人々は思いはじめている。その破局のあとに何らかの道徳的救済の手が差し延べられるのであろうという無根拠の、というより終末論的な、期待を抱いて、人々は破局への歩みを早めている。これは、ハルマゲドン（善と悪との最終戦争）なき終末観であり、キリスト教の形而上学よりも性質《たち》の悪いニヒリズムといえる。なぜなら、そこには人間のどんな悪性が破局を招来するのかについて一片の問いも提出されていないからである。

問われるべきは資本主義と社会主義（をはじめとする様々な二項対立）のあいだの二者択一などではない。市場競争と公共計画の双方を活力あるものにするための道徳的基盤というものを蔑《ないがし》ろにしてきた近現代史の先端にいる自分たちの背徳者ぶりが振り返られなければならない。ここで道徳というのは、「できそこないどもの没落」（ニーチェ）の指標にほかならぬ偽善と欺瞞《ぎまん》の体系のことではむろんない。市場競争および公共計画の目的と手段をともども「歴史の英知」に適《かな》ったものにしようとする精神の平衡術《へいこう》、それが道徳の基本である。

そうした道徳的な方向から市場の失敗や政府の失敗が的確に批評されているのなら、あるいはそのような批評を絶やさない一群の人材が確保されているのなら、「破局」にも一抹の期待を寄せることもできるであろう。しかし、現在進行形の破局はそれとは似ても似つかぬ種類のものである。我が国でここ二十年ばかり騒がれてきた「改革」の成り行きをみればわかるように、背徳者の狂宴が有徳の企《くわだ》てと褒《ほ》めそやされ、その挙句《あげく》に、破局への転落を傍観するという極度に消極的なニヒリズムが、人々によって日常的に共有されつつあるのである。

破局を回避するためと称して提出された「改革」が破局をさらに促進する。この悪循環に人々は疲れ果てている。しかしそうかといって、悪循環の根が自分らの歴史忘却とそれにもとづく道徳喪失の心理にあると考えるような殊勝さを人々が持ち合わせているというのでもない。あるのは、「改革」という言葉が無意味な記号として、しかし人々の心理の原点をなす零記号として、流通するという状況のみである。この大文字の零は小文字の零をもたくさん引き連れているのであって、政治改革、規制緩和、価格破壊、財政改革、行政改革、地方分権、市場主義、市民主義、自己責任など、多種多様な四文字熟語が、あたかもアメリカ流四文字言葉（卑猥な俗語）のようにして、茶の間に溢れ出ている。

それらが意味的に零であることはもはや明瞭である。政府の介入的規制に反対しているものが、銀行にたいする大蔵省の監督が甘いと騒ぎ立てる。価格破壊を喜ぶものが賃金破壊には猛反対する。公債残高を減らせというものが景気対策の財政支出を要求する。国家公務員の首を切れと主張するものが、(国家公務員の数を半減させても対人口比でいって日本にまだ追いつかない)ニュージーランドに学べと触れて回る。地方分権の旗手たらんと名乗りを上げるものが、中央の政治家には指導力がないと不平をこぼす。市場競争を誉《ほ》め上げるものが高齢化・少子化への公共的対策が遅れていると不満を述べる。自己責任の原則とやらに賛同するものが為政者や教師や両親の責任を追及して止まない。

このような次第であるから、世論の場で踊る一切の四文字熟語は、人々の退屈や焦燥を表わす記号にすぎなくなっている。そして退屈することに退屈し焦燥を覚えることに焦燥を覚えるというニヒリズムの悪循環のなかに、資本「主義」をはじめとする様々の(制度化されてきた)集団心理が投身自殺していく。生きているのは無意味な記号のほうであって、意味について問うのを存在の根拠とするはずの人間は、すでに四文字言葉の流れのなかで溺死状態に入っているのである。

Ⅲ　世界主義の迷路

資本「主義」はグローバリズムの方向において延命を図っている。この場合、「グローバル（大域的）」という言葉の意味は、グローブ（地球）というその原義を反映して、はっきりと「世界的」ということである。つまりグローバリズムとは、何らか普遍的な価値があるとみなし、それを世界に普及させることをさす。現在のグローバリズムは、技術的合理と個人的自由とからなる価値観、つまりアメリカニズムの世界規模での拡延にほかならない。それが、マモニズムあるいは賭博的投機主義としての資本「主義」に、延命の機会を与えるとみなされている。

より特定化していうと、それは、「合理的自由にたいする障碍《しょうがい》をすべて取り除け」という要求に帰着する。そうであればこそ、「ディレギュレーション（規制撤廃）」という政策的な標語が世界を駆け回っているわけである。だがその標語はバーリンのいう「消極的自由」つまり「規制からの自由」を示すものにすぎない。「理念への自由」としての「積極的自由」のことはグローバリズムにあっていささかも勘案《かんあん》されていないのである。かつてのアメリカン・フリーダムは、たとえ清教徒主義の傾きがあったにせよ、積極的自由の要素を含んでいた。それゆえにアメリカニズムも理想主義の方向において提起されていたのである。

しかし「規制撤廃」のアメリカニズムは、法律という普遍性を標榜する規制以外のものを、つまり政府の介入的規制と民衆の慣習的規制を、取り払うべしという主張である。それは、必然的に、ナショナル（国民的および国家的）な要素にたいする排撃となる。またそうであればこそのグローバリズムつまり世界主義でもある。この消極的自由は、ナショナルなものが各国の国境あたりに厳然と聳《そび》えているかぎりにおいて、積極性を帯びる。いいかえると、ナショナルなものを積極的に破壊することを理想と見立てることもできるのである。

しかし「規制撤廃」のグローバリズムは、仮に首尾よく進展するとしても、その成功とともに、ニヒリズムという名の失敗を招き寄せるであろう。なぜなら、「もはや撤廃すべきナショナルな障碍はない」という段階に達したら、それは目標喪失に陥らずにはいないからである。実際、たとえば日米関係において、瑣末なあるいは当然のナショナルな障碍が特筆大書されてしまうというノイローゼ現象が生じているではないか。それは、ニヒリズムへの転落を免れるために、あえて目標を捏造《ねつぞう》しているという光景である。

いや、グローバリズムは最初からうまく回転しない、ということを指摘しておくべきであろう。すでに触れたように、「合理のための前提」と「自由のための秩序」はつねに何ほどかはナショナルな性格のものである。それはコモンセンス（常識）あるいはボンサンス（良識）が「国民」において共有される、という経験的な基礎から生じるナショナリティにほかならない。だから、介入的規制と慣習的規制を過度に弱めると、どんな国民国家も無規範と無秩序に悩まされることになる。そうかといってコスモポリス（世界政府）は存在しないし、仮にそれを存在させうるとしても、その基礎は様々な国家（国民とその政府）のあいだの同意にしか求められない。――ついでに確認しておくと、グローバリズムといいコスモポリタニズムといい、それは世界を均質空間にしてしまうことである。それは不可能であるのみならず、世界から文化の多様性を奪い去るという意味で、愚行の最たるものというしかないのである――。

グローバリズムを好個の活動とするのは、世界言語（と化した英語）と（為替の自由市場での）世界貨幣（的な地位にあるドルを初めとする主要通貨）のみであろう。だが、言語と貨幣における世界化すらが犠牲なしには進展しないのである。つまり、様々なメディアにおいて言語表現のヴァルガリティ（俗悪性）が高まっており、そして世界各地の金融市場では資本取引のスペキュラティヴネス（投機性）が増大しているのだ。また、そうした世界環境が到来するのではないかという予測それ自体が世界にニヒリズムを蔓延させてもいる。俗悪な文明のなかで資本投機に精出すことが自分に待ち構える未来だとなれば、誰しも虚無の深みへと落ちていく。このニヒリズムから脱却しようとする企ては、滅びをいくら宣告されても滅び切れないでいる「ナショナルなもの」の意義を、探索し確認し定着させるという営みとなるであろう。現にこの現代世界は、表層におけるグローバリズムと深層におけるナショナリズムとの対抗という構図のなかにある。

そういった意味で、世界は依然としてインターナショナル（国際的）な動きを示している。インターナショナルとコスモポリタン（あるいはグローバル）とは似て非なるものである。世界が国際的であるというのは、異なった国々のあいだの関係が比較的に順調であるということを意味する。つまり、異なった国柄、国益そして国策のあいだの葛藤《かっとう》が大事に至らぬ形で処理されているということである。その処理のされ方が次第に大域的になっていることは認めなければなるまいが、それはやはり、「高度国際化」ということにすぎないのだ。それゆえ、グローバリズムの発信基地であったアメリカにおいてすら、「グローバリズムは幻影であった」という声が高まっているのである。

　巨大かつ急速な国際資本移動が各国の資本市場にバブル化現象を発生させ、そしてそれを次々に破裂させていく。短期資本の国際的移動を監視し、できうるならばそれに規制をほどこしたい、と各国の当局者たちは考えはじめている。このような事態であるから、グローバリズムの列車は出発の直後であるにもかかわらず、もはや脱線しつつあるといって過言ではない。だから、コスモポリスにおける世界市民、などという未来像は——それ自体として夢想であることについては問わないとしても——けっして現代のニヒリズムにたいする現実的な治癒策にはなりえないのである。

　グローバルな情報網についても同じことがいえよう。そこで流通させられているのは技術的および営業的にパタン化された情報である。このような情報がインターネットのような情報網によっていかほど巨大かつ急速に回転させられようとも、いや回転させられればさせられるほど、情報空間におけるニヒリズムが深刻化していくのだ。事実、すでに言及したように、「インターネットによって孤独感が高まった」という世論調査の結果が各国においても出始めている。それにつれ、サイボーグ（情報制御人間）めいた様子でテクノカルト（技術邪教）に狂舞する人間も増えてきているのである。

高度情報化もまた幻影であったのだ。それは単に情報に強い伝達性をもたらしただけのことである。それにつれ、情報表現の芸術性、情報蓄積の伝統性そして情報尺度の価値性が衰えてきている。それをさしてヴァルガリズム、つまり「俗悪化」といえば、グローバリズムはヴァルガリズムと表裏一体をなしている。それが、とくに若い世代の人間たちを、ニヒリズムへと運んでいるのである。しかもそれは、高度情報網が日常生活の隅々にまで食い込んでいるため、「日常的ニヒリズム」という度し難い形態のものになっている。若者たちは、カウンターカルチャー（対抗文化）やサブカルチャー（下位文化）を形成する意欲をすら失って、いわば「文化からの脱落」とでもよぶべき症状をみせつつある。つまり高度「文明」が低度「文化」と分かち難く結びつきつつあるのだ。

この過程をインテリゲンチャ（政治主義的知識人）とインテリジェント（専門主義的知識人）が嚮導《きょうどう》してきたことを見逃すべきではない。彼らによって精神を汚染させられているものを「大衆人《マスマン》」とよび、そうでないものを「庶民《コモンマン》」とよぶのが私の用語法であるが、インテレクチュアル（思想的知識人）と庶民は、ともに少数派の地位に追い込まれているとはいえ、（インターナショナリズムに必須の、そしてナショナリズムを含むものとしての）リージョナリズムを、つまり地域主義を目指している。つまり、家族、学校、地域そして国家を再興させることを企てている。グローバリズムが飛散し、ニヒリズムが無気力へと沈没するとき、つまり世界が破局めいた状況に直面するとき、世界史の転轍機《てんてつき》をなおも回すものがいるとしたら、それはこの極少数派のリージョナリストたちであろうとしか考えられないのである。

Ⅳ　言葉における多重分裂

より正確にいうと、世界の国際化が進むにつれ、国家もまた「地際化」もしくは域際化とでもよぶべき政策を、つまりインターリージョナリズム（地域間の関係を重んじる態度）を、推進せざるをえない状況になりつつあるということだ。そして、域際関係を統御するための国家の役割はむしろ大きくなるとすら考えられる。実際、「小さな政府」と「地方分権」が叫ばれているにもかかわらず、浮上しつつあるのは域際的および国家的に対応するほかない諸問題なのである。

たとえば、経済の側面において重要なのは、「通貨・信用」と「資源・エネルギー」にかかわる問題であり、両者とも、国際的な視野のなかでとらえられるべきであるのみならず、国内にあっては域際的（それゆえに国家的）な解決を迫られる問題である。また、政治の側面についていうと、「指導力・説得力」と「危機管理・国策提示」が最重要の課題となりつつあるのだが、前者はネーション（国民）およびステート（政府）の歴史にかんする理解なしに培養されえぬものであるし、それ以上に後者は国柄と国益にかんする把握を必要としている。

さらに、社会の側面では、「都市・田園」と「家族・環境」にかんする問題が喫緊《きっきん》の重大事となっており、そしてそれらが域際的な取り組みがなければ改善しえぬ類のものであることはあまりにも明らかである。最後に文化の側面でいうと、「研究・開発」と「教育・学校」が取り上げられなければならないのだが、それらも公益の見地から論じられてはじめて解決の見通しを得る種類の問題なのだ。

ネーションフッド（国体）とステートフッド（政体）はいかなる歴史的な関係にあるのか、また、国体や政体はパブリックネス（公共性）といかなる社会的な連関におかれているのか。それらがけっして分断することのできない密接なかかわりのなかにあるのは明らかである。まず、「公」の意識と「国」の意識がどこで重複しどこで乖離《かいり》するかについて、簡略に素描しておこう。両者は、公人的かつ集団的なものとしての「規律」の観念を重んじる点では共通している。しかし、公人的かつ個人的なものとしての「人格」の観念については、「公」の意識が「国」の意識よりもそれを重視する。反対に、私人的かつ集団的なものとしての「帰属」の観念は、「国」の意識にあってはかなりに大事とされるが、

「公」の意識においては無視されがちとなる。最後に、私人的かつ個人的なるものとしての「欲望」の観念は、「公」と「国」の両方の意識にあって度外視される。

これら「公」と「国」のあいだの関係を略記すれば二一九頁の図の如くになるであろう。なおその図では、「公」にたいして「私」が、そして「国」にたいしては「衆」がそれぞれ対置されている。ついでに付記しておけば、市民に対置されるのは庶民であるが、そこで、市民とは（主として）おのれの人格的表現を大事とする人間類型のことであり、また庶民とは（主として）共同体的なるものへの帰属心を大切にする人間類型のことである。

この図において「政体」は那辺《なへん》に位置することになるであろうか。はっきりしているのは、統治には「集」団性と「公」共性の少なくとも一方——標準的には両方——にたいする配慮が必要だということである。それゆえ、図から明らかなように、統治の形態は国民性と切り離しては考えられにくいのである。考えうるとすれば、そこで「非国民の国家?」と揶揄しておいたような実に偏頗《へんぱ》な形のものくらいである。国民国家は乗り超え不可能なものである、それはたかだか国際性と域際性とによって複雑化されるにとどまる、とそろそろ確認すべきであろう。

いずれにせよ、国際性・国家性を伴わないような世界主義はつまるところ世界をカジノ・キャピタリズムに染め上げる。また域際性・国家性と無縁なような地方主義は、論理の必然として、各地の地方色を諸個人の欲望にまで解体してしまう。世界主義と個人主義のあいだの精神の分裂状態、それが只今の世界観であるといった具合になっている。均質空間としての世界をムードとして思い描き、そこに欲望の解き放ちを求める無数の――六十億余の――人間が浮遊しているというのが今の世界像なのだ。だが少しく仔細に観察すれば、世界は様々の国益が衝突し合う場であり、そして次第に空無で充たされつつあるのが今の人間の欲望であるとわかるのだ。

世界という巨視像が平板の度を強め、個人という微視像が空無の度を深くするといった感覚と思考のパターンは、グローバリズム対ローカリズムという社会秩序にかんする論点においてのみならず、あらゆる言論・世論においてみられる。というより、認識全般におけるグローバリズム（大域主義）とローカリズム（局所主義）の関係が問われているのである。つまり、マクロスコピック（巨視的）に眺められるものとしての「全体」については、主としてマスメディアが、はなはだしくムーディではあるが、平板きわまる世論によってそれを説明する。他方、ミクロスコピック（微視的）にとらえられるものとしての「部分」については、主としてインテリジェント（専門主義的知識人）が、精緻きわまりはするが仮想のものにすぎない理論によってそれを分析する。こうした知識の両極分解のせいで、ある専門的な分析に宛てがわれる意味は、世論における総合的なムードが変わるにつれて、激しく揺れ動くことになる。たとえば、世論がグローバリズムを奉じているあいだは、国際資本移動にかんする分析は世界経済の自由化を称《たた》えるためのものになるが、グロ

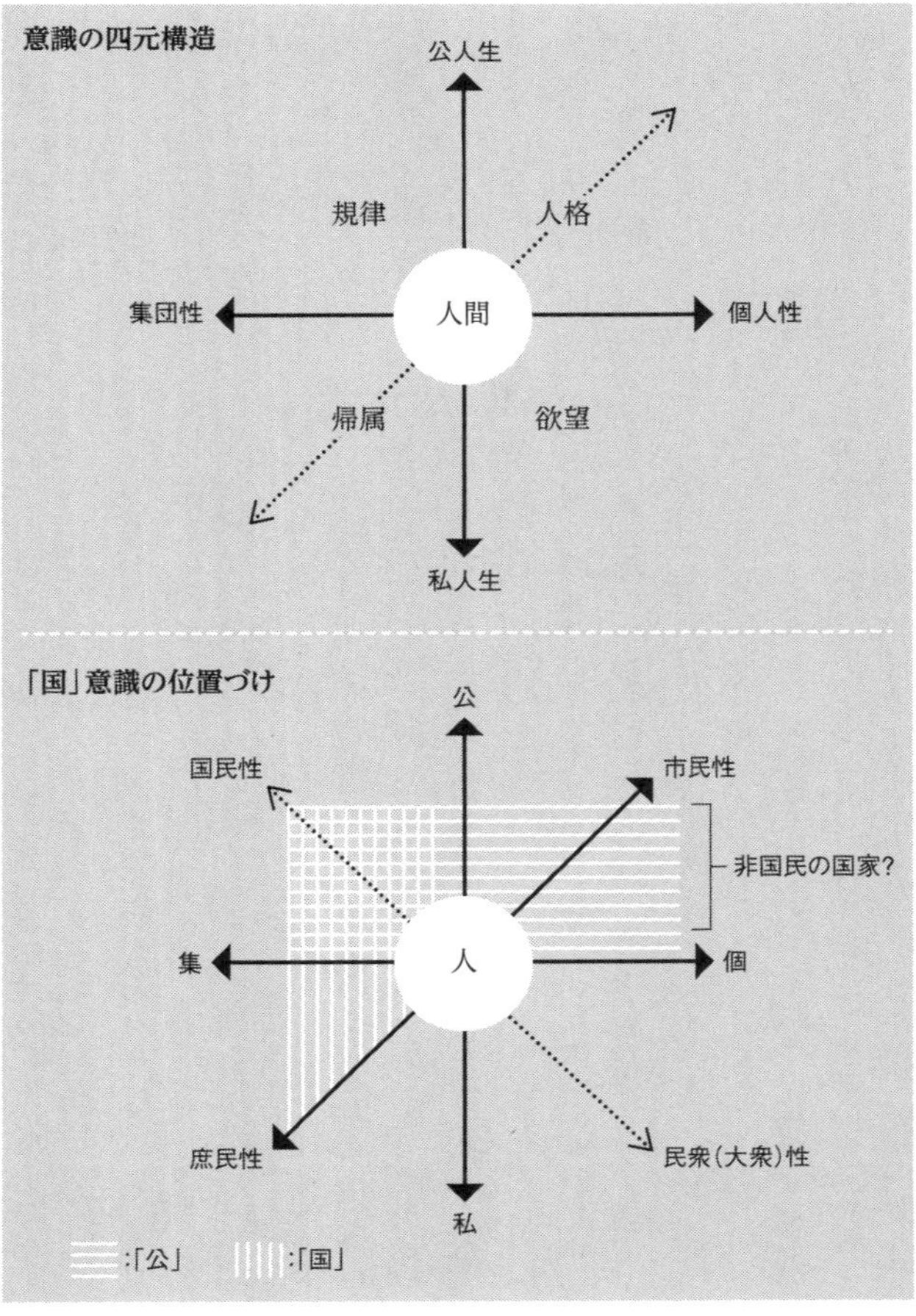
意識の四元構造
公人生
規律
人格
集団性
人間
個人性
帰属
欲望
私人生
「国」意識の位置づけ
公
国民性
市民性
非国民の国家?
集
人
個
庶民性
民衆(大衆)性
私
:「公」
:「国」

ーバリズムが疑われはじめるや、それは世界経済の無秩序化を批難するためのものに早変りするといったふうにである。

事実、多くのインテリジェントたちが、いわば多重人格症でもあるかのように、意見をすみやかに変節させている。しかも自分たちの変節を自覚することすらできないでいる。昨日まで「資本主義は社会主義に最終的に勝利した」と触れて回っていたインテリジェントが、今日は、「資本主義は社会的な安定装置――たとえば社会民主主義的な福祉機構――なしには生き延びられぬ」と警鐘を鳴らしている。そして、その種の多重人格症めいた言論界の変遷を反映してのことであろう、三年間に三つの政党を渡り歩く政治家が登場したり、三年間に三つの政党名を名乗る政治家集団が現れたりもしているのである。経営者や役人の世界にあっても同じ現象が目立ちつつある。

そういえば、アメリカにおいて取り沙汰されていた多重人格症者の増大傾向が我が国においてもみられつつあるようだ。ある種の精神分析によれば、多重人格症は（ノイローゼと並んで神経症のもう一つの症状をなす）ヒステリーの現代版とみなされている。ノイローゼにせよヒステリーにせよ、ある価値が他の価値観によって抑圧されすぎたり複数の互いに矛盾せる価値観が並存していたりするときに、誘発されるものであろう。世論なるものはこのような（短期的には）精神の抑圧装置として、また（長期的には）精神の撹乱装置として機能しているのではないか。つまり、世論によって知識の意味づけが、短期にあっては狭く限定され、長期にあっては大きく変動させられるということである。そのような世論装置に巻き込まれた世人《せじん》＝大衆が、インテリジェントを先頭にして、あるときは重いノイローゼに罹《かか》り、あるときは激しいヒステリーに陥っているのだと思われる。人格が多重化することとそれ自体は人間性につきものだということもできようが、それが制御不能、さらには自覚不能になるのは、やはり病理なのである。

言語空間がこのように狂相を帯びてくると、そこに住まう（言語的動物としての）人間もまた狂気を表わさずにはおれなくなる。人間は、少なくとも正気の人間は、自分の喋《しゃべ》ったり聞いたり、書いたり読んだりする言葉に「意味」をかならずや求めるものだのだが、その肝心の言葉が現代では意味を剝奪される強い傾きにあるのである。先にみたように、世論による意味の（短期的）狭隘《きょうあい》化と（長期的）不安定化の過程が際限もなく繰り返されるという大衆社会の推移のなかでは、言葉の意味剝奪が否応もなく生じるのだ。この現象にたいしては「ニヒル（虚無）」の形容を与えるほかなく、そしてその虚無になおも格別の意味を見出そうとする底無しの（虚無に陥ること必定《ひつじょう》の）企てをさして、「ニヒリズム（虚無主義）」とよぶ。

いや、自分らの言葉が意味剝奪にさらされていることを聢《しか》と自覚できずに、あたかも多重人格症者のように、目前の（主として世論からやってくる）刺激に反応して、意味の世界を当《あ》て処《ど》なく浮動するのが大衆というものである。より正確にいえば、インテリジェントを代表に仕立てたマスの大群が意味世界への出征を企ててすでに久しいということだ。つまり、その出征が勝利を博したことの数々の証し、それがここ百年間の現代史を彩っている。

この絶望するに十分に値する光景のなかでも一縷《いちる》の希望が点《とも》りうるとしたら、それは、言葉における多重人格症がこの大衆社会における諸制度をパニックに、つまり恐慌に、落とし入れるときであろう。恐慌とは多重人格症者の生存をすら危殆《きたい》に瀕《ひん》させる状態のことであるから、そこで言葉の意味体系を総合的かつ安定的なものにしたいとの渇望が生まれずにはいない。

いいかえると、「人々《ピープル》」は、意識の表層としては、「大衆《マス》」であり「専門主義的知識人《インテリジェント》」であるとしても、その深層としては、「庶民《コモンマン》」であり「思想的知識人《インテレクチュアル》」でありつづけているということである。その深層が恐慌の到来につれて剝《む》き出しになると期待されるのである。

これは危機待望論と同じではない。人々の（伝統志向および安定志向としての）庶民性や（解釈努力および総合努力としての）思想性は、たとえ恐慌の最中《さなか》においてとて、自然に発生するものではない。そうした志向や努力を危機到来の前に積み重ねておくことによってはじめて、恐慌の事後への展望が生まれてくる。それのみならず、意味世界にかかわる安定志向といい総合努力といい、危機の勃発を極力避けるよう人々に訴えかけることなしには説得力を持ちえないものである。つまり、私のいう「希望」は、恐慌への突入は必至と察知しつつも、恐慌を回避するための方途について思索し論議するなかで、恐慌からの脱出を図ることが可能になる、という見込みのことだ。

本書において「ニヒリズム」を批評してきたのも同じ趣旨である。ニヒルな心境に不可避的に陥るとわきまえた上で、そのいわば「自意識の罠」にはまることの愚を認識し、かくすることによってニヒリズムという現代における「最も不気味な訪問者」に退散を願うこと、現代人が引き受けなければならないのはそうしたニヒリズムとの接近戦なのだと私は思う。

★60　マーク・トウェイン［Mark Twain 1835–1910］アメリカの小説家。冒険的な性格で、波乱に富んだ人生を送り、ユーモア小説、冒険小説、SF小説、パロディ、風刺小説などさまざまなスタイルの小説を発案した。その雑多で行動的で自然を謳歌する精神によって、アメリカを代表する国民作家になった。『鍍金時代』はウォーナーとの共著で、南北戦争後の金銭欲と投機熱に狂った社会を風刺した小説。主著に『トム・ソーヤの冒険』『ハックルベリー・フィンの冒険』『人間とはなにか』など。

あとがき

「戦後」のような微温湯《ぬるまゆ》に浸《つ》かった時代にあって、死活を賭《と》した決断に容易に入れるわけもなかったのではあるが、それでもやはり、私は、そうした密度の高い瞬間が自分に訪れるのをいささか切実に期待していたようである。たとえば、たぶん十歳あたりから徐々に、あの特攻隊のことが脳裡に定着し、事あるごとに、その隊員たちの生き方に、つまり死に方に心を揺さぶられたについても、私の性癖がそうした決断主義とよんでいいような勾配を滑っていたという事情があったようだ。

そんな私も、うかうかと生きているうち、還暦に達してしまった。これはまったくの偶然なのではあるが、その六十回目の誕生日に私は鹿児島の知覧《ちらん》におり、そしてもちろん、特攻記念館で、英霊となったまま齢をとらずに「死んで生きている」青年たちの顔写真や遺書を拝見させてもらった。そこで私が何を思ったかについては、ここで触れる余裕がない。ただ、その青年たちが過したであろう静寂にして切迫した短い時間の前で、私の人生などは何ほどの重みも持たない、と感じたことだけは確かである。

そのように感じることがすでにしてニヒリズムの兆候なのだということを、私はわかっている。振り返れば、その種の兆候が、ほとんど休みなくといった調子で、私の人生を襲撃しつづけてきたのであった。それへの防御を固めようとしてなした数々の悪戦、それが私の六十年であったのであるから、それは、帰還したいとは少しも思わぬ期間だとしかいいようがない。さらにいえば、私は、自分の過去に戻りえぬことを幸いと考えているばかりか、自分の未来がどんどん短くなってくることにむしろ愉快の気分を味わうことができるようになっている。つまり、「死」が、死だけが、自分にとっての宿痾《しゅくあ》である「虚無」を最終的に吹き払ってくれるのだと思うと、死が近づいてくることに楽しみを覚えることもできるのである。

しかし、生きているかぎりは、ニヒリズムは精神の宿敵である。というより、宿敵と同居している人間の精神は、それ自体として、闘争の場となるほかないものである。そして、その戦いに勝利はありえない、つまりニヒリズムを払拭《ふっしょく》し尽くすことは不可能である。そうと判明しているというのに、人間の「生」はニヒリズムと闘うべく宿命づけられている。なぜといって、ニヒリズムの軍門に下ったような生は、「腐りつつ生きている」という意味で、「カキストス」つまり「最悪」の種類に属し、そして人間の精神はみずからが「カキストス」の状態にあることに耐えられるほど強靭ではないのである。逆にいうと、その弱さを自覚するために、人間は常に何ほどかは「アリストス」つまり「最良」のものを保有しているのだということもできる。

本書は、自分の人生のことを頭の片隅におきながら、人間の精神において「カキストス」と「アリストス」の戦いがいかなる展開をみせているかを解釈してみたものである。

まだ「死」からはるかに遠い時点にいる人々に、つまり平和の時代にある若い方々に、ニヒリズムを、殺すわけにはいかないとしても、うまく手懐《てなず》けてもらいたく、そのための一助になればとの心積もりで、ニヒリズムについての私なりの所見をしたためてみた次第である。いや、ニヒリズムが若い世代をとらえて離さないという現下の状況は、老いた世代の対ニヒリズム戦における敗北の、というよりそれにたいする不戦敗の、帰結にほかならない。ニヒリズムに慣れ親しむという愚行を犯してしまった大東亜戦争後の日本の戦後にせめて清算書をつきつけておきたい、それが執筆の主たる動機なのであった。読者が本書をいかに清算して下さるか、それを思うと快苦相半ばする気持である。

飛鳥新社の小山晃一氏には、執筆開始から製本完了に至るまで、大変にお世話になった。思えば、五十歳代、私が伸《の》るか反《そ》るかの気持ちで書いた著作は、おおよそすべて、小山氏の面倒を受けている。ここに表明させていただく感謝は偽りなく深切のものである。

平成十一年三月

西部　邁

救いなき虚無人から脱するための奥義書

評論家　澤村修治

それはいつの時代からだろうか。気づいたら人間は馬手《めで》と弓手《ゆんで》にニヒリズムをくくりつけていた。〈放蕩の日の歌は、すべて何ものかへの挽歌である〉（保田與重郎「みやらびあはれ」）という情緒の衣をかぶったかたちが馬手にあるとすれば、弓手には佶屈《きっくつ》や拒絶にはじまり血なまぐさい他者抹殺に至るかたちがあった。「自分がいま一杯の茶を飲めれば、世界など滅びてもいい」（ドストエフスキー）と嘯《うそぶ》く小児的な光景もまたあったのである。ニヒリズムは私たちにとって異邦人ではない。正宗白鳥の〈この世に生まれたくって生まれたのではなかった〉（「内村鑑三」）も、〈馬鹿馬鹿しい〉（森鷗外の臨終での言葉。ただし異説もある）もおおよそ私たちの精神態度に馴染む。ニヒリズムは私たちの同居人であるらしい。困った存在だが、しかしどうにも縁が切れない同居人なのである。

〈「現代人の救ひ」といふ課題に對してもつとも明確な解答を與へるとすれば、それは、ぼくたちがそこから救はるべきいかなる地獄をももたぬと答へることでしかありえない〉と福田恆存はいう（「現代人の救ひといふこと」）。ニヒリズムもこの文脈で捉えることはできる。つまりは、本当のニヒリズム（「地獄」）を現代人はもちえなくなってしまった。「いかなる地獄をももてず」、自意識と欲望に囚われた現状順応的生き方を送るしかないところに、むしろニヒリズムの地獄図がある。そうであるにもかかわらず、世界と向き合うかのようなおおげさな態度としてニヒリズムはしばしばもち出される。物質上の不如意や、対人の軋轢処理の不得手からくる周囲への不快に過ぎないのに――。そこにあるのは、「地獄」を知らない軽々しさだけではないか。

この有り様に巫山戯《ふざけ》た態度を見出し、苛立《いらだ》つ者は、本書『虚無の構造』が迎えるにふさわしい読者である。著者は、現代社会に群れあふれる軽々しいニヒリストに、「おまえはそもそも地獄を知っているのか」と、問いただされんばかりの調子で臨む。そしてかれらを浩瀚な思想の言葉で撃たんとする。これが『虚無の構造』のはじまりのトーンとなる。文章はときに聱牙《ごうが》の風波となるが、小見者である私などは、その風波に翻弄されることに或種の心地よささえ覚える仕儀となる。

本書序章でも触れられるように、ニヒリストとは他者の基準を「無（ニヒル）」と片づけられる人物である。当然、ニヒリズムの培養所にはエゴイズムが犇《ひしめ》いている。自己にこだわることはニヒリストの第一等の特徴だが、こだわるうちに自己の人格が統一的なものかさえ信じられなくなる、つまり自己喪失に陥ることがニヒリストを病膏肓《やまいこうこう》のニヒリストたらしめる。老巡礼を理由もなく、たまたま出会ったというだけで斬って捨てる『大菩薩峠』の机竜之助は、老巡礼にもなにがしかの生の「基準」があり、それに従って日々を過ごしているという認識はない。いや、そんなものはあったとして俺には関係ないと断ずることで、ニヒルな具体的行為に飛躍できる。かれの剣のどこかある緊張感は、自己喪失し、平然と罪を犯す者の陰惨さからくるのは間違いない。これを抱くからこそ、竜之助は「ニヒル」な人間を完璧なまでに演じられた。社会はたくさんの「他者の基準」からなり、それらがばらばらでは機能しない。だから人々は標準をつくるのだ。その前では、ひとりの人間の固有性など、せいぜい〈標準からの「偏差」を求めるということでしかありえない〉（本書序章）のである。この作業ができない机竜之助は、行く手に破滅の宿命しかもち得ない。

◆

本書は現代人の根深い病《やまい》であるとともに、エゴを根源的に持つ人間の、時代を超えた病ともいえるニヒリズムに対して、どう立ち向かうかを指し示した好著である。よくよく考えてみて、人生を退屈で無意味なものと捉えるニヒリズムの誘惑に一時も逆らえなかったときがない人間を、私たちはまず信じることができない。もしそうしたサイボーグがいて、俺は意味のあるものとして己の人生を生きていると本気でいったとしたら、それは兇状人だとみることに私は躊躇しない。

ニヒリズムは困った同居人、不安な友なのである。だからこそ、その克服は難題である。無理矢理克服しようとすれば、人間は実体のない、幽霊のような存在として浮遊するしかなくなるからだ。だとしたら、われわれは本書を繙《ひもと》こうではないか。本書こそ、ニヒリズムの深い影響のもとにある現代人が、その支配力からかろうじて脱するための、思考法の宝庫なのだから。

対ニヒリズムの思想作業をはじめるに際して、思考が動き出すはじまりにあるものを、著者はまず本書中で的確に示す。

〈もとより、それ（引用者註・ニヒリズム）を追い払う力量が私にあるわけはない。しかし、ニヒリズムにたいして、貴殿には玄関先まで退却していただきたいと正面切って申し渡すこと、せめてそれくらいのことをやらなければ、自分の精神が生きながらにして錆《さ》びついてしまうのではないかと、自意識あるものは、不安になるのである。〉（序章）

これを受けつつ説かれるのは、価値や真理について語ろうとするとき、誠実に語ろうとすればするほど、得られる認識は「自己」とぴったりしないものだという距離感、そして、対象を客体化するために生じる疎遠感についてである。それこそニヒリズムの発生するところだが、距離感や疎遠感、そこが引きずり込む暗い渦巻きを認めながら、それでも他人と〈活発な会話や議論〉をせんとする営みは、ニヒリズム退治に有効な方法だと著者は説く。孤独はニヒリズム肥大化の温床である。その弊から脱するためにも、私たちには「他者」が必要なのだ。そのことは、あとの章で論じられる本書のキーワードの一つ「社交」の問題に繋がっていく。

起論の本書第一章で、圧巻はやはりハイデッガーに拠りながら、著者が「気分」について論じた箇所であろう。どのような思考も感情の働きとしての「気分」を前提とせざるを得ないとすれば、〈当て処《あど》の定からぬ〉「気分」について、その流れを構成していくことは、ニヒリズムを捉えるために欠かせない営為となる。ここは、引用する愚を避け、読者には、当該箇所（Ⅱ節「『気遣い』の衰弱」冒頭部分、本書三八〜四〇頁）より味わって頂きたい、というしかないのである。なお第一章には、美しいイメージを示した箇所があって忘れられない。

〈往時ならば、人は、幼児のときから、母親が苦境のなかでなおも演じようとしている愛情物語において、自分が不可欠の登場人物であると実感できていた。母親が命令し子供が服従する家事手伝すらが、単なる技術的必要以上のものによって成り立っていた。〉

この箇所は、著者が家族について論じた『保守思想のための39章』（中公文庫）の、次の表記に照応する。

〈感情と利害のあいだの平衡という最重要の課題は、どんな集団にあってもうまく解決されそうにないアポリア（難問）である。そのアポリアの解法が家族において、試行錯誤を経ながら、示されつつあるのだとしたら、というよりそのことを実感し理解できるのなら、家族は人間精神に又とない刺激を与えてくれているということになるのではないか。〉(第14章「家族の神聖」)

続く第二章では「良心」の問題に行路が向かう。限界状況に立つ者がおこなう決意は、それが良心に支えられたものだという確信があるゆえ、納得的な決意となる。これまでにもさまざまな西欧思想家によって、この点は論じられてきた。著者はそこにキリスト教的な偏りがあることを示し、日本人にとっては心強い。

そして、キリスト教的な媒介項の前に、別の媒介項が必要ではないかと著者は続け、いよいよ「伝統」の問題に論をすすめていく。このあたりの展開はスリリングで、なぜ私たちが「歴史のなかに生きる」ことの意味を反芻せねばならないのか、その答えをめぐって第二章では直球がさかんに飛んでくる。

ニヒリズムの前提にエゴイズムがあるのを確認した本書は、当然のことながら、「欲望」に関する解析に向かう。続く第三章である。「新技術」や「情報」によって、現代人は欲望を絶えず刺激された自動反応機械のような存在となりはてている。疲弊しきってぶっ倒れるときが、ようやく欲望(追及)機械にすぎぬ馬鹿馬鹿しさから目が覚めるときだ。その次第になって、自分は結局、価値も尺度も失ったまま、まるで「熱いトタン屋根の猫」のように虚しいダンスを踊っていたことに気が付く。すでに飽和しているのだ。ダンスのためのダンスは、もうやめなくてはいけない。必要なのは、欲望の飽和にいま自身があり、そんな自身にはもはや〈悪感〉を覚えるだけだという感覚を、恢復することである。それは、「私（だけ）」から「（他者とともにある）私」へ、第三章が説くところによれば、〈公共空間の再建と公共心の再活性化〉に繋がる論議となる。その前にまずなすべきことは何か。それは第三章に記された次の言葉が見事に答えている。

〈公共性の倒壊がほかならぬ我らの精神の内部においてなぜ生じたのかを問うてみなければならない。それを問うことが活力ある生き方の第一歩なのだと見定めるべきだ。〉

第四章は「価値」の問題を扱う。そもそもニヒリストとは、価値への〈総合的な解釈を忘れた〉人間だと本書は示す。その人間は価値ぜんたいを自らに収めるのではなく、価値の〈たった一つの断片にしがみついている〉。それゆえ、ほかの価値（の断片）にしがみつく他者と「了解」の作業が果たせないのである。これこそニヒルな人間を登場させる土壌となる。「了解の頓挫」が繰り返されることで、逆に右顧左眄《べん》する人間が出来上がる。それは宿命の感覚を追い払った不気味なモンスターである。モンスターとモンスター化をもたらす貧困に、著者は批判の矢を放つ。鋭く、容赦なく。容赦がないのは、ここが敵の本丸だからである。

それでは「他者」を見いだし、「他者」とのまともな了解作業を再構築させるために何が必要か。ニヒリズムとたたかう本書は、続いて、公共性の問題に筆をすすめていく。自分のなかにある解釈や感覚（より厳密には、それを表現する言葉）は、公共的な集団（代表的なものは「国」だが、「国」が「在る」ことを概念とイメージで定めていくのは、やはり言葉である）と出会うことで、融合と衝突といった激しいドラマを演じる。その果てに、〈個人の宿命と社会の運命が〉〈抱き合いつつ切り結ぶ〉ときが奇蹟的にやって来る。ひとは孤独ではいけないのだ。公共性のなかにあることで、奇蹟と相対《あいたい》できるのだから。本書のメッセージはかくして明快なのである。

◆

第五章は西部思想の核心の一つ、大衆（人）批判の要訣を述べたもので、強烈な印象を放つ。本書のテーマを離れて、一箇の論文として読むのも差し支えない。それどころか、戦後社会の問題点を抉《えぐ》る思想のアンソロジーを計画するときに、収めるべきものとして真っ先に頭に浮かぶ名篇だといってよい。

大衆（人）はどこまでも「負」の存在である。なにものも生みださず、解決のためのどのような糸口さえ導けない思想態度に平然と斜屈《しゃが》み込む。それは異常な姿なのではないか。こうした指摘が、緊密な文章のなかでまずは示される。これだけ緊張感溢れる批判文を成せるのは、著者が極度に（そして正統なまでに）倫理的であるからだ。頽落した人々は、反倫理と妥協無く対決せんとする西部思想の弾丸から、逃れられる場所を、一切持たないのである。

反倫理を撃つ立論は、やがて当然のごとく責任論に辿り着く。分裂した両極へのダブル批判、両岸に居座る安易で反倫理的な図柄へのぜんたい的批判を、本書はためらわない。両岸に群れる人間の有り様は、威勢がよかろうが調子がよかろうが、結局は、責任への緊張感を失い、平衡への反応能力を無くした衰微の姿であるにすぎないのだ。かくして、批判を経巡《へめぐ》りながら、著者はその保守思想の根幹的言葉を、次のように語る。重要な言葉である。

〈伝統の感覚に裏打ちされないような個性は私人主義に傾き、同じく伝統の感覚から切り離されたような国柄への執着は国粋主義（あるいは排外主義）を強化する。私人主義の生き方が責任感にたいして一顧《いっこ》だにしないのは当然である。そして国粋主義のそれは、責任を「国」にあずけて、「一億火の玉（あるいは一億総懺悔《ざんげ》）」といったような情動の流れのなかに責任の問題を溶解させるのだ。〉

続く第六章「社交について」は、一つ前の第四章で示された公共の問題を引継ぎ、具体的な手立てを述べようとした箇所で、本書の主題という点では重要な章である。「好きであるのと同時に嫌いだ」「品位を求めつつ冗談を駆使する」、真善美に対して「近づきつつ離れる」といったアクロバティックな矛盾の技法が現実に展開されるところこそ、社交の場である。ニヒリズムに対する有効な対処法が、社交の場への健全な関わりにあるという著者の指摘は、まさに慧眼だ。矛盾の技法によって手懐《てなず》けられたニヒリズムは、しだいにニヒリズムとしての迫力を喪《うしな》っていくはずだから。

〈社交場の言葉における基本的な音調もまた、「ニヒリズムの克服」と「ニヒリズムの告白」とが交差するところに奏でられるのである。〉（第六章）

社交の場で駆使されるのは、結局は言葉である。ちょっとした挨拶からはじまって、会話がはじまる。使い方次第で、緊張をといて人づきあいをなめらかにするとともに、緊張を強いるものでもあるし、退屈に流れるものでもある。だからこそ、言葉遣いへの配慮が必要で、それは社交の場で表現するときには、「マナー」になるということを、著者は指摘することを忘れない。ニヒリズムを手懐けるためにも、「社交場における対話」という具体的な体験を積み重ねる必要が示される。

〈社交場で得た言語能力が必要な折に、有効な形で、職場や家庭で発揮されるということである。そして職場や家庭はそれを必要としている。職業も家事も、社交をなしているのと同じ人間が行う営みである。それら三者のあいだに境界があることは確かだが、相互に影響を浸透させ合うのでなければ、それぞれが干涸《ひから》びてしまうだろう。〉

では信条や信仰を語ろうとするときは、どうなのだろうか。社交の場にてもそれは語られて構わないのである。「マナー」さえあれば、だが。

〈ヴィトゲンシュタインふうにいえば、信条・信仰は指示さるべきものであって叙述さるべきものではない。少なくとも、他者の了解を得んとするときには、「信」を明示的には

語らず、ただ隠伏《いんぷく》的に示す、それが社交のルールでありマナーなのである。〉

こちらもまた本書にて読み当たる至言の一つであろう。

社交について論じた第六章は、言葉の問題を俎上にのせた。言葉というのはそもそも何かというのは、実は西部思想の重要なモチーフであり、第六章でも〈言葉が枯渇するということは、その人の人格が輪郭をなくしていくということである〉との端的な指摘がある。「ニヒリズム」にしても、それは結局、言葉ではないか。だからこそ、言葉の問題を取り扱った章が、本書の大詰めにあらわれるのだ。

第七章「言葉について」は〈あらゆる表象は言葉から生じる〉と書き出される。人は言葉を失ってはならない。そうなったらもう人ではない。なぜなら、人間は言語的動物だというのを宿命的にもつ存在だからだ。〈自発的な意志というものにしても、究極的には言語活動への活力としてしか定義できない〉。したがって、言葉を失うということは人間失格の歴然たる兆候だといって構わないのである〉というのは、西部思想にとって基本的な認識である。

そして、ニヒリズムもこうした認識と結びつく。〈現代を染め上げているニヒリズムの気分もまた言葉への虚無感として描写さるべきであろう〉と。言語は容易《たやす》く空語となる。小児語となる。そうならないために何が必要か。会話のなかに潜む矛盾を矛盾としつつ、それでも会話を続ける社交の営為がすでに、言葉を卑小なものにせんとすることへの対処法である。あるいは、本書の大衆（人）批判も、言葉の頽廃から言葉をかろうじて救い出そうとする一種の導きなのである。じくじく増殖していく自意識の病に、対話という緩和のくさびを打ちこむ。そのためにも、様式、マナーといった複雑な試行錯誤の過去からの堆積を、私たちは重んじなければならない。ここに保守思想の熟慮が示される。

ニヒリズムと自意識の病にとらわれた孤独な現代人は、孤独を脱するために、言葉によって社交するが、それがかろうじて健全なものとなるためには、「故郷」が必要だ。「故郷」こそ、また一つの決定的なキーワードである。「故郷」は情緒的な回帰点ではない（その面を含むものではあるけれども）。それは本書の説くがごとく、〈不変の日常性によって包まれ〉ることの意味が、多層のうちにありうるところである。だからこそ〈安定〉の根拠地となる。そして、〈帰還〉するところになりうるのだ。時代がどう変わろうと、時流がどちらへ奔出しようと、「故郷」という不変なものをもっていれば、言葉は空語にも小児語にも堕落せず、平衡のなかで立ち止まることができる。逆に、「故郷」を喪ったニヒリストは、最も悲劇的なニヒリストになる。著者はその異様な姿を、本書で次のように的確に描く。

〈「故郷」を失うのみならず、それを探すのを拒否するのがニヒリズムである。そういうニヒリストにできるのは、雑多なデラシネ（根無し草）の言葉のあいだを跳びはね、ついには疲れはてて、空洞と化した「自己」という名の殻のなかで茫然と立ち尽くすことだけ

である。〉

故郷喪失者には、最終的に〈言葉の荒野における行路病者の死〉が待っている。自業自得として。そうならないためにも、言葉を、「故郷」から示唆を受けつつ、さまざまな社会関係の矛盾のなかで平衡技法を駆使して用いていくのだ。かろうじて自滅から踏みとどまるために。注視すべき本書のメッセージがここにもある。

◆

本書終章に記された、ニヒリズムの世界大の広がりに対する認識は、世界現状況への「解読」を通じておこなわれる。合理的（であり技術的）なシステムとして登場し、社会主義とのたたかいを制して世界を席巻した資本制と市場原理に対して、著者が描く図柄は、惨状といえるほど厳しいものだ。映画『ネバーエンディング・ストーリー』で世界を席巻する無気味な黒い雲としての「無」（まさに「虚無」！）が登場するが、現状況下の世界システムはまさにそれがイメージするものと重なる。「黒い雲」は無気味で大きなものであるが、とらえどころがない。だからこそ恐怖の対象としてむやみに巨像となる。

私たちが住んでいる、「虚無」の暗雲に被われた現在の世界では、解き放たれた欲望とカジノ的な狂騒に耐えきれず、ノイローゼとヒステリーに囚われたゾンビ的な人間が、自己破滅の瞬間をめざして歩き回る。ニヒリズムは世界で勝利したかにみえる。本書の文章は疾走し、かれらの真像を描き出す。読者はホラー映画を見たかのように慄然とさせられる。それはわれとわれらの自画像かもしれないのに。

いうまでもないが、これは危機待望論ではない。著者は、危機が必至であることを知りながら、危機回避のさまざまな作法を対置させんとする、人間精神のダイナミズムに賭けているのだ。それは本書を繙いた読者には、すでに明らかである。たたかいは〈ニヒリズムとの接近戦〉だと著者はいう。私たちは勝てるのだろうか。そう問うのは愚問であろう。勝ち負けではない。ニヒリズムの陰鬱な策略に半身は合わせ半身は抵抗し、入れ子的な戦術によって人間が培ってきた価値を「保守」せんとする試み、それ自体が、私たちの選び取る道だ。だとすれば、本書『虚無の構造』こそ、たたかいのために必要な思考の素材を提示した、まさに開かれた奥義書だといって差し支えないのである。

本書を繙くことで、西部思想、その保守という考えがスタティック（静的）ではなく、どこまでもダイナミック（動的）で未来を指向する思想であることに、読者はまもなく気づくであろう（未来指向の保守！　この魅力的な表現を用いる誘惑に私は抗しきれない）。人間と人間社会に絶望するのはまだ早い。見るところさえ間違えなければ、絶望などというものは出て来ないですむ。ニヒリズムも同じだ。『虚無の構造』は或種の希望の書である。ここにあるのは理と知だけではない。徳用もまた宿した珍重の書なのである。

◆

思想家・西部邁は七〇歳代の半ばを迎え益々活発である。概念を広げたり縮めたり、他と関わらせたり切断したりしながら論述していくその文体は自在さを増し、いまなお進化（深化）中だ。そして西部さんの文章に揺曳《ゆらび》く読者サービスのようなものは、これまたアクロバティックで爽快な感じすら溢れ出ており、もはや名人芸である。ときにそれは、みだりに触れれば刃《やいば》が飛びだし、近づいた者から血を吹かせる不良性すら宿して健在だ。

西部さんの最近の上梓作のなかには、自分のことを〈その男〉〈一介の田舎青年〉〈老人〉と書き分けながら記述していく、奇体ともポリフォニック（多声性）ともいえる文体を駆使した快作『実存と保守』（角川春樹事務所、二〇一三年四月刊）があり、表現者としてまさに無辺際に達していることを思わせるし、一方で『保守の辞典』（幻戯書房、同年五月刊）の、山をも動かさんばかりの力業《ちからわざ》にも脱帽である。

これらの作品から、また、酒場を含むさまざまな場所でアクチュアル（現実当面的）に語られる西部思想の魅力は、西部邁という思想家の、言葉そのものだけではなく、その気魄――あるいは人格の力――と不可分だといわねばならない。身に癌細胞が蠢《うごめ》こうと呵々《かか》大笑《たいしょう》し、朗らかな心さえ示す西部さんの周囲には、その謦咳《けいがい》に接しようとひと癖もふた癖もある表現者が集い、現代の梁山泊《りょうざんぱく》かのごとき様相を示す。私は客分（のようなもの）

としてうろうろしているだけだが、その場に満ちた覇気と自在なありようには仰天するばかりだ。中国宋代末期、外に騎馬民族が迫り内は疲弊の極にあって王朝存続の危機だというのに、晩餐の席次を延々議論しているだけの為政者にあきれかえり、梁山泊に集った天《てん》罡《こう》地《ち》煞《さつ》の諸星は、「替天行道」（天に替わりて道を行う）の旗を打ち立てた。現代の梁山泊からも、「替天行道」の理《ことわり》に立つ一騎当千の思想家が次々と登場する勢いがあり、ひとときも目が離せないのである。

そういえば、〈玄関先まで退却してもらう〉と西部さんに告げられたニヒリズムはどうなったのか。西部梁山泊の門口《かどぐち》で、確か、奥座敷に入れてもらえず拗《す》ねていた者を見かけたことはあるけれども。

文庫版あとがき

若いときからずっと、私はセンチメンタリストを自称するのを憚らないできた。しかし私が（複数形の）センチメンツつまり情操にこだわるのは、情緒に浸ったり流されたりするのを好んでのことではない。センス（感覚と知覚）が落ち着くまでは、執筆はむろんのこと発話までもが滞る、それが私の場合なのだ。

出自を質《ただ》せば浄土真宗派の末寺の末裔に当たるというのに、センスが安定するという幸運はめったに訪れてくれなかった。それどころか、自分のセンスの中央のあたりに虚無の穴ぼこが穿《うが》たれていることに、かなり早期に気づいていたのである。昔のことを例にとれば、町中《まちなか》で逮捕されて人前で手錠を嵌《は》められて引き立てられていた時も、独房で格子窓から夏の青い空と白い雲をぼんやり眺めていた折も、裁判所の俄《にわか》作りのスクリーンの上に自分にかんする証拠写真が大きく映された際も、「こいつは、一体全体、どこのだれなんだ」と首かしげたい気持ちでいたのである。

あの虚無を埋め合わせるものがあるとしたら、神仏のことに気の回らない私にあっては、それは伝統をおいてほかにあるまいと考えられた。そうだとすると、自分の中心は自分のものではない、ということになる。そう認識したのは四十一の厄年を迎える頃であったから、ずいぶんと時間をかけて私は、「私はかならずしも私ではない」と知るという意味で正気に至ったわけだ。

ところが厄介なことに、伝統とは何かについていささかでも具体性を込めて語ろうとすると、個別の存在にすぎぬ「私の今此処《ここ》の状況」が頭をもたげてくる。抽象と具体、普遍と個別、一般と特殊、社会と個人、自己と他者そして公と私といった様々なヤヌス（二面神）に囲まれて、厄年からの三十余年間、私のセンスは大わらわの連続ではあった。そして、はたと気づくに、私の人生の目前にもう死期が待っているのである。

自分が還暦になる頃に書いた本書のことを省みるに、たぶん、「ニヒリズムに漬かったままでは生きる甲斐も死ぬ甲斐もない」という衝迫にかられていたのではないか。人生の長い往路において虚無のにおいを漂わすようなことをやってしまったので、短い復路にあってはそんな勝手放題は禁欲せねばならぬ、と考えていたに違いない。そして、自分をとらえて離さなかった「虚無の構造」を自分なりに理解し尽くすことによってその構造から脱出したことにしよう、と算段したのであろう。

そういう算段は多くの人々のやっているところであろうとも算段したはずなのだが、どういうわけか、本書への反応は零、ゼロそして0であった。それにつられて、当方も、自分の虚無について饒舌をたくましくしていた月日のことを、思い出すことすらしないできた。そこに、中央公論新社の横手拓治氏が現れて、拙著『福澤諭吉』を座右の書と評してくれつつ、本書をいわば「座左の書」と呼んでくれたのである。

あわてて読み返してみて、我田引水を承知でいうと、「悪くない」と思った。おまけに、澤村修治氏によって、それが過分の評価と望外の愉快を私に与えてくれたからいうのではないのだが、実に見事な文章で解読が施されたのである。長生きするという逆境にも楽しみもなくはないのだ、とさらに我が田に水を引きたくなっている次第だ。

ニヒリズムが文明の喉元どころか頭頂にまで達した現在、私にあってもそうなのだが、読書が苦行の一種になってしまっている。そうと知りつつも、何処かの誰かの眼に本書がとまることもあろうかと想うと、すでに凝固したはずの自分のセンスが、心身の奥底で、かすかに動くのを感じる。本書にかかわって下さったすべての方々に御礼申し上げる。最後になったが、本書にデザインを施《ほどこ》して下さった芦澤泰偉事務所に深く御礼申し上げ、加えて、旧著を新たに印字するのに、我が事務所の西部智子と清塚なずなさんが一方ならぬ骨折りをしてくれたことに一方ならず感謝する。

平成二十五年七月

西部　邁

『虚無の構造』　一九九九年四月　飛鳥新社刊

中公文庫

虚無《きょむ》の構造《こうぞう》

2013年 8 月25日　初版発行
2023年 4 月30日　３刷発行

著　者　西《にし》部《べ》　邁《すすむ》

発行者　安 部 順 一

発行所　中央公論新社
〒100-8152　東京都千代田区大手町 1-7-1
電話　販売 03-5299-1730　編集 03-5299-1890
URL https://www.chuko.co.jp/

印　刷　三晃印刷
製　本　小泉製本

Published by CHUOKORON-SHINSHA, INC.
Printed in Japan　ISBN978-4-12-205830-9 C1110